AF216785

ullstein

Das Buch

Wenn Gott gewollt hätte, dass man im Ruhrgebiet Fisch isst, hätte er »Sushi Schranke« erfunden. Und wenn er gewollt hätte, dass man im Revier die zarte Poesie pflegt, hätte er eine sensible Dichterin hingeschickt. So aber entsandte er Torsten Sträter. Und der sagt, was Sache ist – ganz unsentimental, immer voll auf die Zwölf. Und unglaublich komisch.

Zwanzig Geschichten aus dem Herzen des Ruhrpotts: Über späte Rache und armselige Konzertbesuche, über den verblassten Charme der Achtziger und elektronisch unterstützte Partnervermittlung, über heikle Bahnfahrten und unangebrachte Heimatgefühle, über den Wandel der Geschlechterbilder und den Wahnsinn jugendlicher Urlaube. Über ein Leben im Hier und Jetzt. Über ein Leben im Dreck, der glänzt.

Der Autor

Torsten Sträter, Jahrgang 1966, wohnhaft in Waltrop bei Dortmund, arbeitet in einer Möbelspedition, hilft in einer Buchhandlung aus und trägt seit 2008 auf Poetry Slams und in Solo-Shows selbstgeschriebene Texte vor. Geringste Zuschauerzahl: 9. Höchste Zuschauerzahl: über 4000.

Von Torsten Sträter sind in unserem Hause außerdem erschienen:

Der David ist dem Goliath sein Tod
Als ich in meinem Alter war
Es ist nie zu spät, unpünktlich zu sein
Sträters Gutenachtgeschichten
Du kannst alles lassen, du musst es nur wollen

Torsten Sträter

Selbstbeherrschung umständehalber abzugeben

Ullstein

Besuchen Sie uns im Internet:
www.ullstein.de

Wir verpflichten uns zu Nachhaltigkeit

- Papiere aus nachhaltiger Waldwirtschaft
  und anderen kontrollierten Quellen
- Druckfarben auf pflanzlicher Basis
- ullstein.de/nachhaltigkeit

MIX
Papier | Fördert
gute Waldnutzung
FSC www.fsc.org **FSC® C083411**

Lizenzausgabe im Ullstein Taschenbuch
1. Auflage August 2014
16. Auflage 2023
© by Torsten Sträter / CARLSEN Verlag GmbH, Hamburg 2012
Umschlaggestaltung: zero-media.net, München
Titelabbildung: © Guido Schröder (www.guidoschroeder.com)
Satz: Dörlemann Satz, Lemförde
Druck und Bindearbeiten: CPI books GmbH, Leck
ISBN 978-3-548-37534-2

Inhalt

Herzlichen Glückwunsch,
es ist ein Buch!

Man kann so viel mit seiner Zeit anfangen. Der Durchschnittsmensch sieht ja viel fern – oft im Jogginganzug mit KIK-T-Shirt drunter, auf dem Fantasieslogans stehen wie: SPECIAL NATURE FORCE BEST MAN CLEVER DICK MOISTURE SPORTY BOY HOLLA DI BOLLA, daneben aufgedruckte Sterne oder ein skelettierter Hund oder eine abgeworfene Munitionskiste, eben diese Shirt-Motive eines KIK-Designers, der einen Tacken zu lange neben einer Klebstofffabrik gelebt hat, was nicht das Problem ist, denn das Problem ist, dass dieser Satz grade arg unübersichtlich wird, und das ist für ein Buch keine gute Visitenkarte. Wo waren wir?

Genau. Sie haben bestimmt ein tolles Fernsehgerät.

Vielleicht einen SAMSUNG SD-JHG-42-9877653 P, bei dem es beim Anruf der kostenpflichtigen SAMSUNG-Hotline allein vier Euro kostet, die Typenbezeichnung durchzugeben – Ihr Fernseher hat FULL HD, skaliert alles Mögliche hoch, und für die Handhabung der Fernbedienung haben Sie sich einen Studenten der Technischen Universität Hannover ins Haus geholt, der schläft mit im Zimmer von Gandalf oder wie auch immer Ihr halbwüchsiger Sohn heißt.

Sie nutzen diesen Fernseher ziemlich rege, genau wie unsereins, denn das Fernsehen ist verlockend. Ich persönlich sterbe ja für Serien wie RACH, DER RESTAURANTTESTER. Kennt man. Bemerkenswerter Mann. Was der alles hinkriegt.

In Gelsenkirchen gibt's eine Garage, in der ein Schreiner frittierte Toblerone verkauft, und irgendwie brummt der Laden nicht. Dann kommt Rach und hilft. Rach ist dufte.

Jeder Zuschauer dieser Sendung denkt stets dasselbe wie ich, wenn wieder ein marodes Restaurant Hilfe von Rach anfordert: Was würdest du selbst tun? Wenn du Rach wärst? Antwort: Verwertbare Möbel auf die Straße, dann kontrolliert sprengen.

Aber Rach hilft. Rach ist süß, sagt man ja. Das stimmt. Und ich bin Rachsüchtig.

Oder nehmen wir DIE AUSWANDERER, wo ein tätowiertes Ehepaar aus Bottrop sich überlegt: Wir machen im Dezember auf Ibiza einen Laden für Einlegesohlen auf, und wenn's rappelt, nehmen wir noch Wäscheklammern mit rein. Ohne Spanischkenntnisse, aber dafür mit 200 Euro Startkapital und drei Dänischen Doggen. Yippie. Fernsehen ist prima.

Aber Sie halten gerade ein Buch in der Hand.

Natürlich fragen Sie sich oft: Wie entsteht so ein Buch?

Können wir gern drüber reden.

Viele denken ja, am Anfang wäre da die Idee. Diese tritt dann eine Lawine des Schaffens los, eine Woge literarischen Geröls. Das ist Unfug. Zuerst einmal benötigt man einen Verlag. Hüten Sie sich vor Verlagswohnhäusern, die gerne Geld dafür hätten, Ihr lange fertiges Werk zu verlegen. Machen Sie es andersrum: Sie benötigen einen Verlag, der Ihnen Schotter gibt, ohne dass Sie auch nur eine Silbe in den PC gehackt haben, und wenn Sie gefragt werden, wie weit Ihr Werk bereits gediehen ist – lügen Sie! Krücken Sie denen die Hucke voll, machen Sie den Herrschaften vom Verlag nicht nur ein X für ein U vor, sondern nur ein U. Aber das muss ein schönes U sein. Legen Sie ruhig eine »Treatment« genannte Grobvorschau des Buchinhaltes vor, aber bleiben Sie vage. Beispiel:

»In der ersten Geschichte geht es irgendwie um Butter.«

Schließen Sie Ihr Treatment mit einer Einschätzung des eigenen Werks:

»Das Buch ballert krass, jede Wette« oder: »Dieser Roman wird ein Klumpen.«

Und schon sind Sie im Geschäft.

Ehrlich gesagt mache ich einen Sport daraus, derartigen Kokolores hier hinzuschreiben, ist vielleicht auch nur eine erbärmliche Form der Vergeltung, denn in Wirklichkeit läuft es anders. Man reicht eine Geschichte ein, die schillert wie Konfekt und auf unterhaltsame Weise soziale Missstände anprangert, aber ohne den mahnenden Zeigefinger, und alles, was dem Lektorat einfällt, sind Bemerkungen wie:

»Anmerkung 1: Statt WASCHVOLLAUTOMAT bitte Waschmaschine.«

»Anmerkung 2: Was sucht das Wort Waschmaschine in Text über Nostradamus?«

Ein Buch zu machen ist schon Maloche. Und dann sollte so eine Geschichtensammlung auch noch einen Zusammenhang aufweisen. Da gehen E-Mails hin und her, das ist die wahre Pracht.

Lektorat: »Wo ist roter Faden?«

Sträter: »Tippe auf Winterpulli.«

Lektorat: »Wir haben uns schon verstanden, nicht wahr?«

Sträter: »Waschvollautomat.«

Lektorat: »Bitte?«

Sträter: »Kuckuck.«

So gewinnt man immerhin etwas Zeit, bis es wirklich konkret wird.

Lektorat: »Bitte Text über die Deutsche Bahn, aber ohne Klischees!«

Sträter: »Puh. Darf ich bitte stattdessen einen Minnegesang in Sanskrit schreiben?«

Zum Schluss dann: die Gliederung. Beim letzten Buch hab ich mich, und mit ich meine ich wir, entschlossen, als Gliederung DAMALS und JETZT zu nehmen, um die eher zusammenhanglosen Geschichten zu verbinden. Kracher. Damit bin ich diesmal nicht durchgekommen. Also habe ich verschiedene Vorschläge eingereicht:

»Gliederung nach heimischen Vogelarten. Teil eins: DER BAUMPIEPER. Darunter dann eine Geschichte über meinen Bruder, der in Monaco einen Kugelschreiber kauft.«

Wolltensenich.

Eine andere Variante wäre gewesen, das Buch so zu gliedern, dass die Einteilungen völlig unverständlich sind:

»1. DER FÖTENSCHLUMPF FÄNGT AN!«

»2. DIE GÖTTLICHE KOMMODE.«

»3. Zicke-zacke-zicke-zacke-HEUHEUHEU!«

Und so fort.

War auch unerwünscht.

Spielt jetzt aber auch keine Rolle.

Buch ist fertig, und Sie gucken grade nicht etwa Fernsehen – Sie lesen. Das ist wunderbar. Sie halten sozusagen Teil zwei meiner Memoiren in der Hand, und nein: Ich war nicht auf dem Jakobsweg, konnte aufgrund meiner straff organisierten Jugend auch nicht als Wanderhure arbeiten und bin kein Lehrerkind. Als ich Kind war, fuhr meine Mutter einen Kleinbus.

Ich kam immer pünktlich zur Schule, mehr ist da nicht rauszuholen.

Entschuldigung.

Natürlich musste auch ich im Sportunterricht so Kunstledertopflappen als Schuhe tragen, diese Dinger mit durchlaufendem Gummizug in iPod-Weiß, aber was soll's? Vielleicht dachte meine Mutter, ich hätte Sport im Shaolin-Kloster. Ist jetzt egal. Hauptsache, Sie lesen. HARRY POTTER hat eine ganze Generation zum Buch gebracht, was leider den unangenehmen Nebeneffekt hatte, dass seit einiger Zeit viele Grundschullehrer nicht mehr zum Friseur gehen und sich auch sonst wie Professor Snape aufführen. Unterm Strich aber trotzdem toll. Hätte dieses Buch ein geheimes Motto, also den geforderten roten Faden, wäre dies ein altbekanntes:

Lieber einen guten Freund verlieren als eine Pointe auslassen.

Nochmal zum Thema TV: Das Fernsehen bietet so ziemlich alles, ich weiß, stellenweise gar in 3-D. Aber noch mehr 3-D als die Welt, die beim Lesen im Kopf entsteht, geht nicht. Wenn Sie das trotzdem denken sollten, also »Fernseher in 3-D, nice, muss ich haben!« – dann tasten Sie mal ganz langsam mit der Hand Ihr eigenes Gesicht ab.

Sehen Sie?

So toll ist es nun auch wieder nicht.

FUMP

E s war Anfang der Siebziger. Ich war etwa sieben und wollte raus, um mit meinen Freunden zum ersten Mal Fußball zu spielen.

Dementsprechend hatte meine Mutter mich angezogen: Draußen 18 Grad plus, also wurde ich eingepackt wie ein Astronaut der Apollo-Mission. Das lag bei uns in der Familie. Wegen meinem Opa und dem Krieg.

Mein Großvater fiel in Stalingrad.

Gut, er stand wieder auf, fuhr nach Hause und wurde später in Duisburg vom Bus überfahren, aber Kälte war trotzdem ein Reizthema.

Bei uns zuhause war irgendwie immer Nachkriegszeit. Es gab nie Süßigkeiten. Niemals. Immer nur Jagdwurst und Leberwurst, grobe, richtig grobe – so überaus grobe, dass man stellenweise noch das entsetzte Gesicht des Schweins erkennen konnte. Wie beim Turiner Leichentuch Christi. Nur zum Essen.

Ich trug DEN PARKA, ein 9 Kilo schweres Monster mit Deutschlandflagge auf dem Ärmel und seesackgroßer Kapuze.

Diese Kapuze zurrte mir Mutti so fest um den Kopf, dass ihre Adern am Bizeps hervortraten. Ich sagte Tschüss, komplett in Rüstung bis auf das Rund meines käsigen Bubengesichts, öffnete die Wohnungstür, hörte ein leises FUMP!, und eine mit mindestens 200 km/h heranrasende Lederpocke traf mich genau in die Fresse. Ich kippte um. Der Täter flüchtete unerkannt. Ich habe seitdem etwas neben dem Mund, was Leute für ein Muttermal halten, so wie bei Robert De Niro. Aber das ist der Abdruck vom Ballventil. Jedenfalls: Danach war Fußball für mich gestorben.

Jahre später hatte ich dann wieder Kontakt mit Sport – in Form von Minigolf. Mit Uwe. Wir spielten gerade an der Bahn, bei welcher man den Ball über eine steile Rutsche in einen weit entfernten Netzbeutel hauen musste. Ich versuchte das 400 Mal und kam zu folgendem Schluss: Schafft man nicht. Geht nicht. Jeder, der behauptet, er hätte das mal geschafft, hat keine Zeugen – die sind alle kurz darauf gestorben, haben eine Ausbildungsstelle auf einem Kutter in Shanghai angenommen oder waren schon von Kindheit blind. Das ist wie auf der Kirmes diese Ringe über Flaschenhälse werfen. Hat auch noch nie einer geschafft. Deswegen haben diese Schausteller auch immer nur staubige Stofftiere von ALF als Gewinn. Uwe sagte: »Lass mich mal.«

Er positionierte sich wie ein Profi.

»Schau mir über die Schulter«, ordnete er weltmännisch an.

Ich stellte mich hinter ihn, Uwe holte aus wie ein Profi und schlug mir in der ausholenden Bewegung den Minigolfschläger in die Fresse.

Ich kippte um und hörte kurz vorm Aufschlag meines Leibes, wie Uwe »Ouh« sagte. Das war alles. »Ouh.«

Ich wachte im Krankenwagen auf. Uwe war über mich gebeugt. Er lächelte, dann sagte er: »Ich hab den übrigens reingekriegt. Beim ersten Mal. Voll in den Beutel, Kollege.«

Danach war auch Minigolf für mich gestorben.

2010.

Ich saß bei Uwe auf der Couch. Uwe ist mittlerweile Chef eines großen Elektronikhauses und muss das Geld mit der Schubkarre nach Hause fahren. Wir starrten angetrunken auf den Fernseher. Sportübertragung.

Ich lief mit Scheuklappen durchs Leben, was Fußball anging. Frauen liefen mit Scheuklappen durchs Leben, was mich anging, aber das ist ein anderer Text.

»Was ist das für ein verworrener Unsinn?«, fragte ich mit Blick auf den Fernseher.

»Das ist die Weltmeisterschaft, Alter!«

»Worin?«

»Afrika«, sagte Uwe.

»Komm«, entgegnete ich, »mach weg die Scheiße, gleich kommt ALARM FÜR COBRA 11.«

»Das ist die WM!«

Mir dämmerte was. Die ganzen Autos mit den kleinen Flaggen an den Türen.

Ich hatte mich schon gefragt, warum auf einmal so viele Diplomatenfahrzeuge rumfuhren. Und warum Diplomaten neuerdings in Unterhemd rumfuhren, Brüllmusik von Sportfreunde Stiller hörten und dabei hupten. Was muss das für ein Land sein, dachte ich, das derartige Vollspaten zu Botschaftern machte. Jetzt wusste ich's ja.

»Ich versteh da nix von, Uwe. Will ich auch nicht.«

»Ist simpel«, sagte Uwe. »Da, wo wir nicht sind, muss der Ball rein. Andersrum ist scheiße.«

»Aha.«

»Und beim nächsten Mal kucken wir das in FULL HD. Und 3-D. Das kostet ein paar Tausender, aber scheiß drauf, ich fahre mein Geld ja in Schubkarren nach Hause.«

Er dachte kurz nach.

»Ne, mach ich nicht, das mit der Schubkarre. Da müsste ich ein ganzes Stück über die A2, das ist mir zu riskant. Aber nächstes Mal: FULL HD 3-D, volles Programm.«

»Wo sind die alten Zeiten hin?«, sinnierte ich. »Damals haben wir Filme auf Super 8 gekuckt. In Schwarz-Weiß. Nix FULL HD.«

»Weiße was«, sagte Uwe, »damals war die Schmalfilmerei ja auch der letzte Stand der Technik. Heute ist das Käse.«

»Ich fand's toll damals!«

»Okay«, erwiderte Uwe. »Pass auf. Wenn du artig mit mir das Spiel kuckst, kannste die ganze alte Schmalfilmscheiße mitnehmen. Schenk ich dir. Filme, Projektor, alles.«

Und so riss ich mich einen Abend zusammen.

Am nächsten Tag packte ich den Karton aus. Nostalgie flutete mein Wohnzimmer. Ich verdunkelte den Raum, baute den Projektor auf und begann, mir die alten Filme reinzuziehen. Uwe war schon ein Netter, dachte ich. Ich begann mit gekauften Streifen wie DER KLEINE MUCK und legte zwischendurch immer wieder Selbstgefilmtes von Uwes Vater ein. Selbstgedrehte Schmalfilme sind wie selbstgebrannter Schnaps. Dir selbst kommt's okay vor, aber andere quälen sich damit ab.

Ich sah FAHRT ZUR MOSEL 72, dann den Reißer GISELAS GEBURTSTAG AUF DEM PRICKINGSHOF, und dann fand ich eine Rolle, die mit HIGH NOON beschriftet war.

Ich legte den Film ein. In flackerndem Schwarz-Weiß sah ich Uwe, vielleicht 8 oder 9, der sein Gesicht in die Kamera hielt.

Er trug einen außerordentlich dumm aussehenden Cowboy-hut.

Über seine Schulter sah man auf der anderen Straßenseite eine Tür aufgehen. Da stand ein kleiner Junge. Er trug einen Parka, die Kapuze dicht am Schädel verzurrt. Uwe beulte stumm die Wange mit der Zunge aus, nahm 10 Meter Anlauf und trat dann gegen den Fußball, der wie ein Geschoss über die Straße feuerte und den Jungen im Parka exakt in der Fresse erwischte.

Der Junge verschwand schlagartig aus dem Türrahmen. Uwe hielt sich den Zeigefinger vor den Mund und tat so, als würde er Rauch von einem Colt blasen.

»Alles klar«, sagte ich ins leere Wohnzimmer.

Lange Zeit geschah nichts.

Irgendwann lernte Uwe eine Frau kennen. Sie verliebten sich, verlobten sich, zogen zusammen, bastelten gemeinsam Mum-pitz in Form eines Türschilds aus Salzteig, fuhren nach Feh-marn in Urlaub, es war wundervoll, selbst Kai Pflaume hätte vor Rührung gekotzt.

Sie beschlossen zu heiraten. Uwe nannte seine zukünftige Frau »mein kleines Steuersparmodell«.

Er fragte mich, ob ich Trauzeuge sein möchte. Ich bejahte. Sie heirateten an einem milden Tag in Duisburg-Neumühl.

Es war sehr romantisch. Als Uwe mit seiner Braut durchs Kirchenportal ins Freie trat, flogen weiße Tauben auf.

Ich war bereits draußen. Um die 2 Meter 40 lange Druckluft-Kanone auszurichten. Die hatte ich beim Zirkus geliehen. Sie verschossen üblicherweise Zwerge damit. Da ich niemanden in die Sache hineinziehen wollte, hatte ich mich allerdings für einen Medizinball entschieden. Ich zielte sorgfältig: Uwes Gesicht. Das Glück. Der Stolz. Es machte laut FUMP!

Dann war alles gut.

Fachterminus

Man sagt, ich hätte ein angenehmes Wesen, aber das stimmt nicht.

Ich hatte mal eins, aber das ist dann gestorben. Bernhardiner. Einfach im Wald tot umgekippt, was schon schlimm genug war, aber der wog auch noch 50 Kilo, und während ich ihn 4 Kilometer zum Auto zurücktrug, konnte jetzt weniger von Trauerarbeit die Rede sein als von Arbeit an sich.

Man sagt auch, die Seele sei unsterblich, und das wirft wohl die Frage auf, warum sie sich dann trotzdem verflüchtigt, aber zentnerweise Hund zurücklässt.

Ich brachte ihn zum Tierarzt. Er röntgte ihn und stellte fest, dass sein Herz die Größe eines Medizinballs hatte.

»Was hat er gefressen?«, fragte der Arzt.

»Gesundes Zeug«, erwiderte ich. »Viel Obst, vor allem in Form von Weingummi. Was habe ich diese Abende mit ihm geliebt – nur er und ich und ein Film mit Meg Ryan, vorzugsweise *Stadt der Engel*, und immer, wenn Meg Ryan freihändig Richtung Tod und Verderben radelte, hat er so seltsam gewufft, so Wuff, Sie wissen schon.«

»Das war Ihre Schuld«, sagte der Arzt.

»Schwachsinn«, sagte ich, »was setzt sie sich auch auf ein Fahrrad und macht die Augen zu. Das muss doch böse enden.«

»Das mit dem Hund. Weingummi tötet.«

Der Arzt ging um den Tisch herum und blieb am Hintern meines Hundes stehen.

»Er hat gelöst«, sagte er.

»Gelöst? Was denn? Ein Sudoku?«

»Nein, nein«, sagte der Tierarzt. »Das ist ein Fachterminus. Wenn ein Hund kotet, sagt man korrekt: Er hat gelöst. Ihr Hund hat im Moment seines Todes gelöst.«

»Er hat geloost, würde ich sagen«

»Gelöst«, wiederholte der Mediziner. »So heißt das.«

»Und soll mich das jetzt trösten?«

»Nun, wenn er gelöst hat, trat der Tod sehr schnell ein. Ganz natürlich.«

»Natürlich war der Tod natürlich. Was dachten Sie? Dass es ein Selbstmordattentat war?«

Ich wurde wütend.

»Nehmen Sie Ihren Hund mit«, sagte der Tierarzt, gefolgt von: »Das macht 138 Euro 50.«

»Dafür kriege ich ja einen Neuen!«

»Hier nicht.«

»Ich bringe Ihnen meinen toten Hund, zahl mich dumm und

dämlich und bekomme einen toten Hund zurück? Da stimmt doch was mit der Wertschöpfungskette unseres Gesundheitswesens nicht!«

»138,50«, sagte der Arzt.

Nun war ich allein daheim. Fragen durchströmten mein Denken.

Warum kann man bei eBay keine Tiere ersteigern? Eine Katze vielleicht.

Dann wäre ich nicht gezwungen, eines dieser trostlosen Tierheime aufzusuchen. Alles schon gemacht: Die süßen Katzen sind immer aus, wenn man nachfragt. Die übrigen Vertreter der Spezies haben entweder die Farbe von angetrockneter Rostschutzfarbe, hören auf den Namen Peterle, sind uralt oder eine Kombination aus allem. Ich starrte an die Decke meines Schlafzimmers und fragte mich, wie ich eine Katze solchen Zuschnitts rechtfertigen würde, wenn Besuch käme.

Besucher: »Oh verdammt.« Kurze Pause. »Was ist das da?«

Ich: »Meine Katze.«

Besucher: »Ich dachte zuerst, es wäre eine vergammelte Keksdose. War ganz baff, dass die sich bewegt.«

Ich: »Eine Keksdose mit Haaren dran?«

Besucher: »Ich mein ja nur. Irgendwie so kantig, das Biest. Und so viele Haare hat sie ja nicht.«

Ich: »Sie ist auch schon 19.«

Besucher: »19? Wie heißt die? Nofretete?«

Ich: »Sie hat keinen Namen. Aber ich find Keksdose nicht übel. Keksdose, komm. Fressi.«

Warum also zum Teufel geht das nicht mit eBay?

Nette Bilder von Schmusekatzen, Gewichts-, Höhen- und Tiefenangaben, Abnutzungsgrad … klick and buy. Das Tier wird versandfertig gemacht, noch einmal Sheba für unterwegs, Karton zu, gute Reise.

Gut, das Vieh würde auf dem Weg von Salzgitter zu mir in irgendeinem DHL-Kastenwagen ersticken und abschließend lösen … aber 1 Euro?

Alles Scheiße. Mein Hund fehlte mir. Ich hab doch so viel durchgemacht. Allein diese schlimme Sache mit der Tätowierung. Zwei Tage vor Heiligabend wollte ich mir für meine Freundin ein passendes sexy Motiv stechen lassen. Der Tätowierer hatte statt WEIHNACHT allerdings WEHRMACHT verstanden, und jetzt habe ich einen Stahlhelm auf dem Rücken. Irgendwas ist echt immer. Ich kam erneut schlecht drauf.

Dann fiel mir gottseidank wieder diese Geschichte ein – die ist echt WAHR! Ich war mal einen Tag in Düsseldorf. In der Bahnhofspassage gibt's Geschäfte, und ich passierte eines für Schmuck und Chronographen, sah an der Fassade hoch, und dann stand da: *Seit 1892 in Familienbesitz: UHREN SOHN.*

Wirklich. Uhren Sohn.

Der Besitzer trat vor die Tür und sah mir eine Minute beim Lachen zu, und dann sagte er: »Verschwinden Sie von hier!« Und um es mir endgültig zu besorgen, setzte er bösartig hinzu: »Sie ... Person!«

Als ich daran dachte, ging's mir besser. Eine Katze. Ja. Ein Neuanfang. Ich schaute im Internet nach Katzenfutter: www.Haribo.de

Ich fühlte mich schon besser.

Ich ging auf YouTube, mir irgendwas Lustiges ansehen, und der erste Clip war gleich was Aktuelles mit Peter Bond. Ich klickte drauf. Es war eine alte Glücksrad-Folge.

Meine Laune besserte sich noch mehr. Mein treuer Hund lag noch im Auto, wohlbehütet. Ich könnte doch, dachte ich, und dann dachte ich erstmal: Stopp, wie lang hält sich 'n Hund – Woche? Und dann dachte ich: Genau, ich könnte ihm doch so Saugnäpfe an die Pfoten machen und ihn an die Scheibe pappen wie diese Garfields, eine Zeit lang. Dann wären wir noch ein paar Tage unterwegs, voll Gaudi, das Unvermeidliche hinauszögern – das Maul zurre ich mit Kabelbindern zu, Sonnenbrille auf, und wofür gibt's DUFTBÄUME? Papaya, dachte ich, Papayaduft ist bestimmt optimal, um verdorbenen Bernhardiner zu überspielen, so machen wir's, auch tote Hunde drehen noch 'ne Runde. Und wenn wir einen unverschuldeten

Unfall haben, steige ich aus und brülle: »Sie haben meinen Hund getötet, Sie Schwein«, und dann wird abkassiert. Jawoll.

Aber dann sah ich Peter Bond am Glücksrad drehen, und irgendein Typ kaufte Buchstaben, es machte Bling Bling Bling Bling, auf einer Tafel erschien ein halbes Wort, und der Typ sagte triumphierend: »Das Sprichwort heißt: ›Das letzte Hemd hat keine Taschen!‹«

Und Peter Bond brüllte: »Super! Er hat gelöst!«

Und da musste ich wieder heulen.

Warum die Achtziger ganz allgemein nicht schön waren

Die Achtziger haben alles kaputtgemacht. Beispiel: Wenn heute einer mit seinem nackten Pillemann auf eine Kaffeemühle pocht und dabei Kleideretiketten vorliest, wird er weggeschlossen. Damals hieß das Neue Deutsche Welle.

Und die medizinische Versorgung steckte in den Kinderschuhen: Damals wurden Darmspiegelungen ja noch so durchgeführt, dass man ein trainiertes Frettchen mit einer Polaroidkamera hinten reinschickte, und wenn das Tier einen schlechten Tag hatte, kam es nur mit verwischten Aufnahmen vom eigenen ratlosen Gesicht wieder raus. Da hatte dann keiner der Beteiligten Spaß dran.

In der Schule wurde vom Lehrer nicht nur offiziell geschlagen, es war ein eigenes Fach. Ich hatte da häufig Doppelstunden, und wir mussten Namensschilder tragen, damit unsere Eltern uns wiedererkannten.

Nächstes Beispiel: Monchichis. Das waren so kleine Scheißaffen aus Plastik mit Kunstfell drüber. Das ist heutzutage schwer vorstellbar, aber Monchichis hatten JUNGS und Mädchen, ich weiß nicht mehr warum, aber das war so. Da hockte man auch als Bub davor und dachte: Oh Allmächtiger, ist dieses Monchichi süß. Das ist so krass süß. Ich komm nicht klar, so süß ist das. Aber Monchichis konnten mehr – sie waren in der Lage, sich ihr kleines Däumchen in den MUND rammen zu lassen. Das war dann so süß, da ging man dann kaputt dran, ich könnte jetzt schon wieder heulen.

Dann kamen auch schon die *Transformers*. Geburtsjahr: 1984. Was für ein Dreck. Gigantische Roboterhalunken, die sich in Autos verwandeln konnten. In AUTOS! Das war ein bisschen so, als würden sich Metallica in die Flippers verwandeln können, wo lag da der Nährwert?

Übrigens empfehle ich mal, auf DVD *Transformers 2* anzusehen. Da wird allen Ernstes einleitend von einer Stimme aus dem Off erzählt:

»Und so helfen die Autobots undercover und im Geheimen den Behörden, wann immer dem Land Gefahr droht.«

Einfach mal gucken, wie eine Horde 30 Meter hoher grünblau-chromlackierter Roboter, denen von ihrer Kfz-Transformation stellenweise noch Duftbäume in die Fresse hängen, total undercover und heimlich eine Stadt planieren. Verarschen kann ich mich alleine. Oder schleust das FBI diese Monster in Dealer-Kreise?

Das hier ist Frank, unser Mann für Angel Dust in Miami. Er hier ist Michael aus der Gambino-Familie, der kümmert sich

Downtown ums Koks, und der Neue hier ist OPTIMUS PRIME, für den haben wir noch nichts, weil er verkackte dreißig Meter hoch ist und blinkt wie eine Kirmes. Klasse.

Oder das A-TEAM. Was war mit dem A-Team?

Wenn die das A-Team waren, wer war denn dann das B-Team? Die LUDOLFS? Geh mir weg mit dem A-Team. Für die simpelsten Probleme gab's bei denen nur komplizierte Lösungen, und für jeden Müll sind die mit dem Hubschrauber geflogen. »Hannibal ... gegenüber im Café gibt's Pfannkuchen.«

»Super, Murdock. Schieb den Helikopter raus.«

Wir sind doch die kompletten Achtziger über verarscht worden.

Gut, stellenweise war's immer noch besser als jetzt. Den Pokémon-Kram kapier ich zum Beispiel überhaupt nicht mehr. Was ist das? Muss man den Scheiß studieren?

Wir hatten ja damals nur Playmobil. Diese Figuren hatten nur ein Gelenk – an der Hüfte. Fertig. Playmobil-Figuren konnten und können sich nur BÜCKEN. Da wird ein Kind optimal aufs richtige Leben vorbereitet. »So, Kevin, üb mal BÜCKEN.« Worauf bereiten einen Pokémon vor? Ein lila Meerschweinchen zu sein, das Blitze furzen kann?

Fazit: Die Achtziger im Allgemeinen waren schon nicht gut, irgendwie.

2. Akt: *Meine* Achtziger im Speziellen. Ein Vorfall, der mir alles verdarb.

Untertitel des Todes: DISCOFOX.

Ich ging damals, 1987, in AGGIS Discopub. Discopub, sagten sie, ist knorke. Aggis nach FAHRENHEIT stinkende MCM-Taschen-Hölle war damals die Hochburg des DISCOFOX. Discofox hat mir das ganze Jahrzehnt zerschossen.

Mein Freund Klaus wartete auf mich an der Bar und trank Batida Kirsch, eine Flüssigkeit, aus der heutzutage HELLO KITTY hergestellt wird, aber damals hat man das wirklich gesoffen.

Die DJs waren damals anders. Jede Platte wurde asozial durchmoderiert.

Irgendein Vokuhila-Baron stand immer hinter den Plattenspielern und jaulte: »Hier isser, der Udo, und ich sage, wusch wusch wusch, aber bitte mit Sahne, ein Kracher, ein Schlager, da stimmt der Beat, groovy groovy, jetzt lassen wir die Puppen mal abtanzen hier, ab geht er, der Peter ... Beziehungsweise der Udo, schreit ihr Kind, dann würgen's, hier kommt Udo Jürgens! Da tanzte mit, da biste platt, weil Arafat kein Fahrrad hat!«

Oder so ähnlich.

Klaus hatte zwischenzeitlich zwei neonfarbene Damen er-

späht, deren Frisuren offensichtlich dazu dienten, Weiß-
kopfadlern beim Ausbrüten ihrer Nachkommen unter die
Arme zu greifen. Heutzutage erscheint das drollig, aber damals dachten wir: Voll die Granaten. Klaus latschte rüber und
brüllte die Mädels eine Minute lächelnd zu.

Dann kam er zu mir. »Die machen wir für die Matratze klar,
Kumpel. Müssen nur vorher mit denen abtanzen. Schön 'n
Discofox.«

Gott, dachte ich, bzw. Phil Collins, das war damals das Glei-
che, für die Matratze klarmachen, und Discofox, wie ging das
noch?

Die beiden Frauen kamen zu uns rüber, und ich wusste: Jetzt
geht's los.

Ich schnappte mir eine. Wir unterhielten uns beim Tanzen.

Sie: »Bist du oft hier?«

Ich: »Nee. Erste Mal. Und du?«

Sie: »Total oft.«

Ich: »Stimmt. Hab dich auch schon oft hier gesehen.«

Ergab nicht direkt einen Sinn, aber sie merkte nichts. Sehr
gut. Das ist ja viel wert.

Um im Terminus der 80er zu bleiben: Ich und der steile Zahn
voll Banane am Abhotten, da kam mir eine Idee, und zwar ein
echter Knüller, das gestalten wir hier mal rattenscharf, das
wird eine Wucht ... und ab da lief es nur noch mittelmäßig.

Um es kurz zu machen: Der Discofox, und ich möchte den Rest des Satzes dick unterstreichen, enthält KEINE WUCHTIGEN HEBEFIGUREN.

Heute weiß ich das. Aber damals, als ich meine Tanzpartnerin an den Hüften packte und nach oben stemmte, wusste ich es nicht, heute schon, und die Antwort, warum man es nicht tut, besteht nur aus einem Wort: Deckenventilator.

Als das Mädchen über der Tanzfläche zu rotieren begann, setzte erst Applaus ein, aber der kippte ziemlich zügig. Der ganze Laden starrte unter den Rock des Mädchens, das sich durch einen ganzen Kim-Wilde-Song propellerte, und dann glotzten alle mich an, mich, den Hebefigurenmeister, die Musik stoppte, mir wurde übel und ich sagte sinnloserweise: »Murdock, schieb den Helikopter raus.«

Nun ja: Immerhin hatte ich eines der Mädels für die Matratze klargemacht, wenn auch für eine im Josephinen-Hospital.

Ist aber nicht viel passiert. Das Mädchen legt seitdem einen permanent verwunderten Gesichtsausdruck an den Tag, genau wie ich. Ich, weil ich nicht fassen kann, wie scheiße die Achtziger wirklich waren, sie, weil ihre Augenbrauen seit jenem Abend sehr, sehr weit oben an der Stirn saßen.

Sie hat es mir nicht übelgenommen.

Wir sind tatsächlich ein paar Mal miteinander ausgegangen, Essen und so, aber wir haben's dann gelassen, weil der Kellner sie jedes Mal ansah und fragte: Stimmt was mit der Suppe nicht? Es war mir einfach unangenehm.

War damals auch schwierig mit den Frauen. Alles war schwierig, aber das mit den Frauen der Achtziger war das Schlimmste.

Ich glaub, das Mädchen von damals hat dann den DJ aus Aggis Discopub geheiratet, und wie ich hörte, hat er bei der Trauung nicht »Ja, ich will« gesagt, sondern: »Da simmer dabei, Ficki Ficki Ficki, ha ha, und ich sage DAUMEN hoch, Muchachos, jetzt geht's aber mal richtig ab hier, eben noch der große Stecher, nächste Woche Ehebrecher!« Oder so ähnlich.

Da lob ich mir das neue Jahrtausend. Wenn du damals eine Frau kennenlernen wolltest, musstest du richtig was draufhaben – Discofox, Konversation, alles Mögliche. Heutzutage reicht es gottseidank, wenn du aus Duplopapier ein Tier kneten kannst. Warum hat's die Achtziger gegeben?

Rückblickend wäre es mir lieber, sie hätten mich 1979 eingefroren und 1994 wieder aufgetaut, da war das Gröbste überstanden.

Aber ich kann mir denken, wie das abgelaufen wäre: Da knall ich frisch aufgetaut in Unterbuchse und frierend aufs Laminat, vor mir ein Arzt.

»Da sind Sie wieder.«

»Welches Jahr?«

»1994.«

»Gut. ... Was ist ... das für Musik, bei Gott?«

Der Arzt sagt: »Rednex. Cotton Eye Joe.«

»Friert mich wieder ein.«

Na ja. Vielleicht kommen mir die Achtziger rückblickend nur so übel vor, weil ich damals immer bei den blöden Partyspielen meiner Freunde mitgemacht habe. Man kennt das: Wir spielten immer Rommé, und wer verlor, musste 'ne Lavalampe austrinken. Das geht schnell mal aufs Hirn.

Trotzdem: Man sagt, wer sich an die Achtziger erinnern kann, hat sie nicht miterlebt. Ich wünschte, das würde stimmen.

Entsetzliche Klischees mit Häschen

Mein Bürotelefon klingelt.

Vertreter: »Guten Tag, wir rufen Sie heute an, um Ihnen zu helfen, günstiger zu drucken. Welche Drucker haben Sie in Benutzung?«

Ich: »Wer ist wir?«

Vertreter: »Die Firma DDSWG GmbH aus Fürth.«

Ich: »Und was kann ich für Sie tun?«

Vertreter: »Die Frage ist, was können wir für Sie tun?«

Ich: »Fass mich unten an.«

Stille.

Ich: »Hallo?«

Vertreter: »Ja.«

Ich: »Haben Sie gehört, was ich sagte?«

Vertreter: »Ja.«

Ich: »Und?«

Stille.

Ich: »Hallo?«

Vertreter: »Nein.«

Ich: »Wie nein? Fürth ist nicht weit weg. Bitte erscheinen Sie in meinem Büro und fassen Sie meinen Penis an.«

Vertreter: »Nein.«

Ich: »Ach komm!«

Vertreter: »Nein.«

Ich: »Gib mir deine Tinte.«

Vertreter: »Was?«

Ich: »Gib mir deine Tinte.«

Aufgelegt.

Um es mal vorauszuschicken: Ich bin nicht schwul. Ich mach nur gerne Witze mit Fremden.

Homosexualität ist nix Schlimmes, Gott bewahre, im Gegenteil, klare Sache. WÄRE ich schwul, würde mich das null stören oder so. Dann würde ich hergehen und sagen: »Guten Tach, mein Name ist Sträter und ich bin schwul, und das ist nicht nur gut so, sondern der totale Burner.«

Da pack ich mich nicht für. Nützt ja nix. Ich kann mich da zwar nicht reinversetzen, in diese Männer, die andere Männer ... so, sagen wir mal, gut finden, aber das heißt ja nichts.

Ich sag nur: Brokeback Mountain. Ganz ästhetischer Film. Viel Gegend. Pferde.

Ich bin Chef einer großen Spedition, das ist schon was. Ich bin mehr so der erdige Typ Mann. Knorrig. Aufrecht. Hemdsärmelig. Ich bin das, was man gemeinhin einen »harten Knochen« nennt. Ich führe ein hartes Regiment, bei mir gibt's kein Wischiwaschi, Leistung wird belohnt, und Laumalocher haben hier schon mal wochenlang Locher ausgeleert und die kleinen ausgestanzten Kreise abgeheftet. Wenn ich da was spitzkriege, dass sich da einer 'nen Lenz macht, lernt er mich kennen. Völlig egal, ob der jetzt schwul ist oder nicht. Auf dem Auge bin ich blind.

Wir halten fest: Leistung. Hetero? Leistung. Homosexueller? Leistung. Aber Spaß muss sein.

Und mal »schwul« tun ist schon ziemlich funky, finde ich.

Wenn ich könnte, würde ich Akzente nachmachen, oder Paul Panzer, aber so am Telefon kann ich echt am besten solche Sachen wie das mit der Tinte. Ich mein's ja nicht böse. Ich hab doch direkt gehört, dass der von der Druckertintenfirma vom anderen Ufer war. Das hört man so raus, klar, so ein bisschen das Feminine. Wie gesagt, nicht bös gemeint.

Schwule sind sympathisch ... wenn sie auch manchmal den Bogen überspannen.

Ein Beispiel, das mich schon ein bisschen ärgert?

Auf der Mitarbeitertoilette hat jemand auf die Kacheln geschrieben:

SUCHE SEXY TAEKWONDO-KARATE-FUSSFICKBOY – TASCHENGELD MÖGLICH.

HA-HA!

Ich bin mir ziemlich sicher, dass niemand in der Firma Taek-wondo betreibt, oder Karate, aber wenn doch, dass derjenige dann kein guter Ansprechpartner für einen Fußfick wäre, ho-ho, weil das ja wohl ähnlich gefährlich klingt wie SUCHE PITBULL FÜR BLOWJOB. Das läuft unter Special Interest, würde ich sagen. Oh ja. Wer soll das denn sein? SEXY TAEK-WONDO-KARATE-FUSSFICKBOY? Chuck Norris?

Hallo?

Na ja, die Schwulen halt. Mag sie trotzdem, so menschlich gesehen.

Ich meine, ich bin 45, ich kenne das Leben in all seinen Facetten – und mit Männern komme ich auch besser zurecht als mit Frauen.

Themawechsel.

Ich habe jetzt Vorstellungsgespräche.

Mein erster Bewerber ist ein junger Mann. Ziemlich durchtrainiert.

»Haben Sie den Führerschein?«, frage ich.

»Ja«, sagt er. Er ist aufreizend lässig.

»Verheiratet?«

»Freundin«, meint er. »Wartet draußen.«

»Aha«, sage ich. Da hat unser warmer Dude hier seine Alibifreundin draußen hocken. Kommt ja auch besser, wenn nicht sofort jemand denkt, er sei schwul. Schlau.

Er betrachtet meine Sammlung. Über zwanzig Exponate. Ich habe sie aus aller Welt zusammengetragen. Hasen, genauer: Häschen.

Natürlich bin ich einer, der an keinem Steven-Seagal-Film vorbeigehen kann, einer, der auf der Kirmes im Breakdancer hocken bleibt, wenn das ganze Jungvolk längst an diesem rotierenden Wahnsinn kaputtgegangen ist.

Ich bin aber auch einer, der die Physiognomie von Häschen ansprechend findet. Dieses Verschmitzte, wenn sie so keck nach oben schauen, dieses großäugige »Hattu Möhrchen«-hafte, das bringt schon eine Saite in mir zum Klingen. Ein-undzwanzig Häschen, überwiegend aus Porzellan, manche aus Gips. Keine Schrottware.

Ich drehe mich um und werfe ihnen einen Blick zu. Meine große Familie. Die Mümmels. Ich habe jedem Einzelnen einen maskulinen Namen gegeben: General Patton, Ator, Dr. Doom, Beastfucker, Opfa, Rico, the Rabbit formerly known as Death-master666, Hellraiser, Totmacher, Papa Fick, Die Faust, God-zilla, Schimmelreiter, Götz, Leichenschänder, Wämser, Bel-phegor, Kinski, Karl-Heinz, Mister Grunz und Chainsaw Dave.

Der Bewerber starrt sie alle an. Ich werte sein Staunen als positiven Charakterzug.

Da will einer dazulernen.

»Gut, gut«, sage ich und klicke ein paar Mal mit dem Kuli.

»Harter Analverkehr?« »Bitte?«, sagt er und lehnt sich vor.

»War am Kanal Verkehr?«, hake ich nach. »Die machen da doch die Brücke neu, alles einspurig und so.«

»Ich bin gut durchgekommen«, sagt er tonlos.

Das glaub ich dir, du kleine Sau, denke ich.

»Prima«, sage ich. »Ihr Lebenslauf ist ja ganz ordentlich. Aber diese Lücke hier, von Oktober bis Januar des Folgejahres, die macht mir Kummer. Was war denn da?«

»Arbeitsunfall.«

»In der Gladiatorenschule? Nackt und eingeölt ausgerutscht?«

»Nein«, sagt er.

»Auf Kreuzfahrt mit einem Mittvierziger gewesen? Bootsunfall in schlüpfrigen Stiefeln?«

Er sieht mich nur an.

»In einem abgedunkelten Raum gegen einen blankrasierten Soldaten geprallt? Sie müssen mir schon ein bisschen helfen, wenn Sie die Stelle wollen.«

Er steht auf.

»Müssen Sie sich die Beine vertreten? Blutstau?«

Ich bin ja ein ironischer Typ, also zwinkere ich ihm spaßeshalber anzüglich zu.

»Die Stelle hier ist nichts für mich«, sagt er und marschiert zur Tür.

Ich lasse ihn ein paar Schritte gehen, dann zische ich: »Ich weiß Bescheid, junger Mann. Von mir erfährt keiner was. Ich kenne genügend Jungs, die wie du sind – hungrig, hitzig, immer auf der Suche.«

»Ich brauche nur 'n Job«, sagt er.

Ich nicke. So kann man's auch nennen. Logo.

»Wir sind eine erfolgreiche Spedition. Großer Kundenstamm, ja … ein praller, großer, pochender Kundenstamm. Genau Ihr … Ding.«

»Sind Sie schwul oder was?«

»Jetzt ist aber mal gut, Bürschchen«, sage ich kalt. »Ist das der Dank, dass ich Sie hierher eingeladen habe? Schwul? Ich? Wenn Sie auf Wikipedia gehen und Super-Hetero/NRW eingeben, wessen Bild kommt da wohl? Richtig. Ich bin ein Mann der Frauen! Ich liebe Frauen! Diana Ross! Céline Dion! Barbra Streisand! Was stimmt denn mit Ihnen nicht?«

Er will etwas sagen, aber ich hebe die Hand.

»Komm, ist gut. Nicht mit mir. Ich lasse mich hier nicht antucken, nur weil ich mal ein bisschen Verständnis aufbringe. Verschwinde.«

Dreckstag.

Am liebsten würde ich nach Hause und ins Bett. Ja. Es gibt nichts Schöneres, als zu schlafen und dann morgens in klebriger Bettwäsche zu erwachen, vor allem, wenn die Bettwäsche das Bild des Wrestlers Bret Hitman Hart zeigt.

Wo habe ich die eigentlich her?

Genau. LIDL. Auf dem Etikett stand: Biberbettwäsche, Motiv Carmen Electra.

Zuhause war dann der Hitman drin.

Trickdiebe.

Ich bin nicht schwul.

Ich wohne mit einer Frau zusammen.

Fast, fällt mir ein, ich bin ja neulich ausgezogen.

Wir hatten uns einfach auseinandergelebt, manchmal ist das so, und warum sollte ein Mann nicht auch mit Mitte vierzig einen neuen Weg gehen?

Sie hat gesagt, sie wird es allein schaffen.

Ich hoffe, du hast Recht, Mutti.

Wenn nicht, sag Bescheid.

Ist ja nur die Treppe hoch.

Ich und schwul! Was für ein bizarrer Gedanke.

Das ist so, als wäre Elton John schwul, oder Ricky Martin. Das sind Männer des Erfolges, wie ich. Absurd.

Die würden einen verklagen, wenn man von ihnen behaupten würde, sie seien ho-mo-se-xu-ell! Soviel Geld habe ich natürlich nicht, um jeden Spinner, der mir sowas ankreidet, vor den Kadi zu zerren, da kann ich nur mit dem Kopf schütteln, und wenn ich das Geld hätte, würde ich es trotzdem für karitative Zwecke ausgeben. Mache ich ja jetzt schon. Ich unterstütze einen obdachlosen jungen Mann, der hinter dem Bahnhof steht. Dem kauf ich ab und zu Kleidung, weil der oftmals friert. Oder ich geb ihm Geld. Ist ja wieder Winter. Da braucht man gefütterte Hotpants. Ich kümmere mich.

Zuviel Kaffee.

Ich muss aufs Klo.

Also erhebe ich mich und melde mich bei General Patton zum Pissen ab.

Auf dem Gang ist niemand. Alle arbeiten. Brav.

Ich betrete die Toilette, stell mich ans Becken, öffne den Reißverschluss.

Über mir prangt die Schrift an den Kacheln:

SUCHE SEXY TAEKWONDO-KARATE-FUSSFICKBOY – TASCHENGELD MÖGLICH.

Ich verdrehe die Augen. Fische nach meinem Edding. Ich glaub hier muss mal klar Schiff gemacht werden, so geht's echt nicht weiter. Der Tag läuft sowas von unrund.

Ich schreibe unter die Annonce: WIEVIEL MUSS MAN HIER EIGENTLICH NOCH ERTRAGEN? WEG MIT DER SCHMIERE-REI! ABER ZACK-ZACK!

Gut.

Ich blicke an mir herunter. Da kommt nix. Kein Tropfen.

Ich blicke auf. Ups ... ich habe mitten im Satz mit dem Schreiben aufgehört. Unter SUCHE SEXY TAEKWONDO-KARATE-FUSSFICKBOY – TASCHENGELD MÖGLICH steht lediglich: WIEVIEL?

Ich werde sauer. Scheinbar bin ich völlig ausgebrannt. Bewerber-Schwuchteln, Kachelgekritzel, diese Madame-rühr-mich-nicht-an von diesem Druckertintenbums ... Unter der Anzeige, wenn man das Geschmiere so nennen will, steht eine Handynummer. Ich schreibe sie mir auf die Hand, während ich zu schiffen versuche. Der Vogel wird hier gleich mal einen Anruf von GANZ OBEN kriegen, aber von GANZ OBEN!

Da rollen dann mal Köpfe, möchte ich sagen! Aber HOLLA DIE WALDFEE! BURSCHE!

Während ich schreibe, stelle ich fest, dass mir die Nummer irgendwie bekannt vorkommt.

Fast identisch mit ... so. Sekunde. Noch die Sechs. Sieben. Noch die Sechs.

Jap. Ist meine.

Ich stecke den Stift weg.

Noch immer kommt da unten kein Tröpfchen.

Konzentrier dich.

»Ach so«, sage ich zu den Kacheln.

Ich streife den Cockring ab.

Na bitte.

Läuft.

Mein erstes Bier

M ein erstes Bier trank ich vor einem Wohnmobil, wobei es sich weniger um Bier als vielmehr um eine Büchse spanisches San Miguel handelte.

Beginnen wir aber vorn beziehungsweise hinten: 1988.

Mein Freund Uwe, damals noch Auszubildender in der Videorecorderabteilung eines Elektronikmarktes, offerierte mir seinen Masterplan für jenen Sommer '88.

Der Plan war genauso hirnrissig wie die Angewohnheit der Mediamarkt-Leute, Videorecorder die »Braune Ware« zu nennen, was für mich wie ein Fachhandel für Fäkalien klang, wo schwer gestörte Leute auf unbeschreibliche Plastikeimer weisen und »Ich nehme noch 'n Pfund davon« flüstern, woraufhin der Verkäufer die Wäscheklammer auf die Nase setzt und »Darf's ein wenig mehr sein?« raunt.

Ich schweife ab.

Uwe ist ja mittlerweile Chef eines Elektronikmarktes, und wie ich hörte, hat sich vor einiger Zeit ein Ladendieb auf den Kundentoiletten verschanzt und aus vorbeugender Rache hinsichtlich seiner Erfassung alles vollgekackt, bevor die Detektive eindringen konnten, aber ich schweife schon wieder ab, wenn sich nun auch der Kreis schließt, was braune Ware angeht.

Jedenfalls: Uwes Plan besagte, dass wir ein Wohnmobil mieteten, und ich reagierte entsprechend.

»Uwe, für sowas habe ich kein Geld. Und weder du noch ich können so einen Apparat fahren.«

Ich hatte noch keinen Führerschein, befand ich mich doch gerade im letzten Ausbildungsjahr meiner Lehre als Herrenschneider, und ein Monatslohn reichte gerade dazu, zweimal das Rad am Kaugummiautomaten zu drehen. Ich konnte mir nicht recht vorstellen, dass der Vermieter eines Reisemobils freudig in die Hände klatschen würde, wenn ich ihm etwas Hartgeld auf den Tresen legte und erklärte, wir würden dieses Monster von einem Fahrzeug nun gen Süden prügeln und man sähe sich dann in ein paar Wochen.

»Soviel Schotter habe ich auch nicht«, erklärte Uwe, der immerhin den Führerschein hatte. »Aber ich meine ... was würdest du nicht auf dich nehmen, um in die Sonne zu kommen? Ich bekomme genau jetzt Urlaub. Nur jetzt. Trotzdem ... ich habe nicht Unmengen von Knete.«

»Aber mehr als ich.«

»Ich habe bereits drüber nachgedacht«, sagte er.

»Super. Wozu dann das Gespräch?«

»Ich habe eine Lösung. Sonne, Strand, Sangria, eisgekühltes Bier, schwimmen, das ganze Pipapo. Allerdings wird sie dir vielleicht nicht gefallen.«

»Dann ist es keine Lösung, Mann. Dann ist es sowas wie: Ihr Bein fault ab, aber wir machen was Duftes. Amputieren.«

Er wischte meine Bedenken lässig weg; zumindest versuchte er es, indem er mit der Hand wedelte, aber da gab's nichts wegzuwedeln. Wir hatten kein Geld.

Dann drang Uwe zum Kern seines brillanten Planes vor.

»Wir nehmen Sievers mit. Seine Eltern können vor Geld kaum laufen, und die freuen sich, wenn wir ihn mitnehmen.«

Nun gab es etwas wegzuwedeln.

Sievers war nicht direkt unser Freund, eher ein Bekannter, und zwar von jener Sorte, die man gern in Abrede stellte, wenn man darauf angesprochen wurde. Dass Sievers (sein Vorname war nie zur Sprache gekommen) etwa drei Zentner wog, tat nichts zur Sache.

Das passiert den Besten von uns.

Aber dass er dazu neigte, auf Grillpartys durch seine Karohemden seine Brustwarzen zu reiben und »Uhhhh ... sexy« zu stöhnen, stand auf einem anderen Blatt. Das war ein mittelschweres Problem, das man löste, indem man »Entschuldigt mich« murmelte und die andere Ecke des Gartens aufsuchte.

Er soff zudem wie ein Loch, und dann wurde er schwierig

in der Handhabung, weil er dann mitunter vor großen Gruppen unbedarfter Menschen die Superman-Pose einnahm und furzte. Er war der Herr der Winde, der jeden Raum in dreißig Sekunden evakuieren konnte.

Überhaupt war seine Affinität zum Stuhlgang auffällig, die sich darin äußerte, dass er den Gang zum Pott wie die Eröffnung der Documenta zelebrierte.

»So, Burschen. Ich geh mal eine Wurst machen« war noch das Harmloseste, auch wenn die »Burschen« oft nicht nur Uwe und ich, sondern auch eine Gruppe alter Damen oder wahlweise sämtliche hochrangigen Angestellten der Firma seiner Eltern waren. Sievers' Erzeuger besaßen eine Reihe von Sonnenstudios, und wer das Sprichwort »Man kackt nicht da, wo man isst« ersonnen hat, der irrt.

Sievers arbeitete nicht. Sievers schwitzte. Sievers versuchte permanent, mich zum Biertrinken zu bewegen. Sievers kannte mehr Ausdrücke für »aufs Klo gehen« als der Große Brockhaus, und er achtete darauf, andere an seiner Eloquenz teilhaben zu lassen. Er kleidete sich in einem sonderbaren Western-Stil: knackenge Jeans, Cowboystiefel über der Hose und Hemden mit Fransen.

Sievers hatte bereits mit 27 eine Halbglatze, benutzte aber trotzdem Unmengen von Haargel.

Und Sievers kiffte. Er pfiff sich Haschisch rein, als wären es

Kaugummizigaretten. Seine Eltern ahnten nichts, auch nicht, als sie diese Hydra von einer Wasserpfeife auf seinem Nachttisch entdeckten, die er direkt nach dem Erwachen gegen 16:00 Uhr in Betrieb zu nehmen pflegte. Sievers war der Gott in seinem eigenen kleinen Universum aus Breitsein, die Spülung betätigen und Jägermeister trinken.

Wir waren nur kleine Fische darin, Guppys in der Welt des mächtigen Problembären.

»Sicher finden seine Eltern das klasse. Vermutlich zahlt der Kanzler uns eine Prämie, wenn wir ihn außer Landes schaffen. Die machen ihm ein Lunchpaket am Grenzübergang und winken. Wir bekommen eine Bronzestatue in Bonn dafür, und vermutlich wird sie ›Die Tapferen Schwachmaten‹ heißen, Uwe. Da gibt's nur ein Problem: Ich will nicht. Auf keinen Fall. Nur über meine Leiche.«

»Warum?«, fragte Uwe. »Das kann doch lustig werden.«

»Ja ... so lustig wie mit dem Gesicht in eine Kreissäge zu laufen. Meinst du, wir können ein Wohnmobil mit Anhänger kriegen? Dann betäuben wir ihn mit Chloroform und deklarieren ihn an der Grenze als Hundefutter.«

»Keine Ahnung, was du hast. Er ist doch eigentlich ganz nett.«

»Ach ja. Stimmt. Hatte ich vergessen. Blödmann.«

Uwe obsiegte; der Wunsch nach Sonne war zu mächtig, und er steckte mich irgendwann an mit seinen Phantasmagorien von Strand, Bamboleo und Frauen, die nur Augenklappen als Schlüpfer trugen. Trotzdem: Ich hatte ein ganz mieses Gefühl.

»Klar!«, sagte Sievers durch das Blubbern der Wasserpfeife. »Bin dabei. Wohnmobil übernehme ich. Ihr müsst mir in Spanien nur was aufreißen.«

»Was denn zum Beispiel?«, fragte ich.

Uwe fuhr sich mit der Hand über die Kehle und blickte mich böse an. Sei nett.

»Schön hast du es hier«, sagte ich. Der Teppich seiner kleinen Wohnung sah aus, als sei hier ein Mülllaster explodiert; in diesen Räumen würde ein Staubsaugervertreter, der sich anbot, eine Testreinigung zu Demozwecken durchzuführen, bei der Arbeit verhungern. Außer er ernährte sich von getragenen Tennissocken, aber an die musste man erstmal nah genug herankommen.

»Ich weiß«, sagte Sievers. »Playboy-Style. Lässig verwohnt.«

Ja exakt, dachte ich. Lässig verwohnt, so nach Art der Ardennenoffensive.

»Also ihr reißt die Hasen auf, ich löhne.«

Uwe nickte, schielte mich kurz mit seinem Darüber-verhandeln-wir-später-Blick an und sagte:

»Du meinst, deine Eltern zahlen?«

»Ich meine«, sagte Sievers weise, »meine Eltern zahlen.«

Seine Eltern zahlten.

»Für drei Wochen also. 2000 Kilometer inklusive, Endreinigung entweder durch Sie, dann kostenlos, oder durch uns, dann 300 Mark. Vollgetankt übernommen, voll zurück, okay, die Herren?«

Der Mann bei der Wohnmobilvermietung hatte ein markantes Lächeln im Gesicht; es war mindestens so falsch wie unser Nicken. Wir hätten alles abgenickt, selbst »Fahren Sie nur im ersten Gang und verlassen Sie die Stadt nicht«, Hauptsache, wir kamen vom Hof.

Das Wohnmobil war brandneu, beige und sechs Meter lang. Weder Uwe noch ich konnte so ein Ding fahren, aber damit würden wir uns beschäftigen, wenn wir es geschafft hatten, vom Gelände zu kommen, ohne alles in Schutt und Asche zu legen. Sievers schien ohnehin scharf drauf zu sein – aufs Fahren, auf den Schutt und auf die Asche.

Apropos Asche. Drei Wochen. Spanien und Nachbarländer UND 2000 Kilometer Limit. Dass das irgendwie nicht aufging, war mir bereits am Tag der Abreise klar. Sievers' Eltern wohl eher nicht. Aber denen war es vermutlich egal, solange sie ihren Sohn anständig betreut wussten.

Sievers klemmte sich hinters Steuer und schaffte uns und den Flugzeugträger vom Hof. Direkt hinter der Ausfahrt riss er sich eine Dose Bier auf.

»Auch einer?«

»Halt mal an«, sagte Uwe. Wir waren übereingekommen, Sievers mit ausgesuchter Höflichkeit zu begegnen, bis wir das Meer sahen. Er konnte extrem empfindlich sein.

Sievers bremste ruckartig.

»Ja was?«

»Du kannst hinterm Lenker kein Bier trinken«, erklärte Uwe, als spräche er mit einem Kind.

»Warum nicht?«

»Es ist komischerweise verboten«, kam ich Uwe zu Hilfe. »Irgendein Vollpfosten hat verfügt, dass man sich hinter dem Steuer stählerner, dahinrasender und starrer Hindernisse nicht das Hirn wegsaufen darf. Warum, erschließt sich mir auch nicht, aber vielleicht halten wir uns einstweilen dran.«

»Kein Problem«, erwiderte Sievers gönnerhaft und warf schwungvoll die volle Dose aus dem Fenster.

»Wo ich gerade so vor mich hin plappere«, fügte ich an, »es gereicht uns möglicherweise zum Nachteil, wenn wir einem Passanten eine Schädelfraktur zufügen.«

»Da sind aber keine Passanten. Meinst du, ich bin blöd?«

»Nicht doch«, sagte Uwe. »Los geht's.«

Läuft wie am Schnürchen, dachte ich. 80 Meter Strecke lagen schon hinter uns.

Irgendwann legte Sievers eine Kassette ein. Uwe bevorzugte damals Bausparkassenhardrock von den Scorpions, ich Sinatra oder Pop oder Soul oder Filmmusik.

Sievers mochte Reggae.

Uwe hasste Reggae. Ich hasste Reggae. Ich verspürte beim Hören dieser Musik immer den Wunsch, »Könnt ihr mal ein bisschen zügiger singen, ihr Kiffer!« zu brüllen, und für Uwe war es wie ein Buch mit sieben Siegeln. Reggae erschloss sich ihm ebensowenig wie Zwölftonmusik.

Sievers störte das weniger. Er sang Buffalo Soldier mit.

Wir erreichten die Grenze zu Frankreich. Sievers sang Buffalo Soldier mit.

Passierten sie.

Sievers sang Buffalo Soldier mit.

Landstraße. Unendliche Weiten.

Sievers sang Buffalo Soldier mit.

»Sag einmal«, fragte Uwe unter größten Anstrengungen, sich zu beherrschen, »ist da außer diesem Lied noch was anderes auf der Kassette?«

»Nö«, sagte Sievers und riss sich ein Bier auf. »Ist mit die beste Platte.«

»Sie führt zu dezenten Abnutzungserscheinungen«, sagte ich liebenswürdig.

Der Kilometerzähler zeigte 600 gefahrene Kilometer an.

»Ich find's geil«, sagte Sievers und nahm einen Schluck. »Auch einer?«

»Ja, ich nehme eins«, sagte Uwe. »Ich muss ja nicht fahren.«

»Ich glaube, im Ausland ist das so ähnlich mit dem Alkoholverbot im Auto«, sagte ich, und dachte: schlimmer nämlich. Sie werden uns aus der Karre zerren und in irgendeinem Knast im französischen Nirgendwo verrotten lassen. Sievers würde uns alle überleben, von seinen Reserven zehren und Buffalo Soldier singen, was sich, nebenbei bemerkt, anhörte, als rapple man an der Tür eines Vogelkäfigs.

»Jetzt 'ne Tüte rauchen«, sagte Sievers irgendwann.

Uwe und ich sagten nichts.

Sollte er sich doch nach Drogen sehnen, bis ihm das Wasser in die Schuhe lief. Immerhin war dasjenige, worum wir Sievers vor der Abreise am eindringlichsten gebeten hatten, der Verzicht auf die Mitnahme jeglicher Drogen gewesen. Nichts. Nicht das kleinste Fitzelchen. Bitte, bitte. Wir stellten ihm in Aussicht, dass er ja vor Ort, also irgendwo an spanischen Stränden, nach Haschisch Ausschau halten könne. Das wäre seine Privatsache. Ich sah ihn allerdings schon mit dem Gesicht nach unten im Sand liegen, einen Stiefel der örtlichen

Policía im Nacken, aber dann wären Uwe und ich hoffentlich ganz woanders.

»Nimm dir auch ein Bier«, ermutigte Uwe mich. Vergebens. Ich rauchte nicht, ich trank kein Bier – und ich war stolz darauf.

»Bier ist bitter«, erwiderte ich und dachte: aber nicht so bitter wie das hier.

»Im Verhältnis zu Cola und Tritop stimmt das«, mischte Sievers sich ein. »Davon abgesehen ist es ein herbes, kühles Vergnügen.« Er rülpste zur Untermauerung seiner kleinen Promotion.

»Ich würde jetzt echt gern eine Tüte rauchen«, fügte Sievers hinzu.

Uwe und ich nickten versonnen, wobei ich mich fragte, ob das jetzt das Mantra der nächsten drei Wochen war: Buffalo Soldier und die permanente Absichtserklärung, sich die Rübe dunkel zu kiffen.

700 Kilometer.

Wir durchquerten Frankreich, jeder gefahrene Zentimeter kommentiert von Bob Marley mit Sievers im Background, und ich fläzte mich in das Schaumstoffbett am hinteren Ende.

Mein Darm schlug an.

Da wir auch übereingekommen waren, unter keinen Umständen die chemische Toilette zu benutzen, meldete ich im Cockpit eine Pause an.

»Was musst du denn?«, fragte Sievers, ohne die Augen von der nächtlichen Straße zu nehmen.

»Wie meinen?«

»Na, was du musst.«

»Inwiefern ist das von Relevanz?«

Uwe legte mir beschwichtigend seine Hand auf die Schulter.

»Na Groß? Musst du Groß?«

Theodor Fontane, Frank Sinatra, Hemingway, Steven Seagal, Conan der Barbar. Männer von altem Schrot und Korn. Ich wettete sämtliche sechshundert Bata-Illic-Platten meiner Oma, dass niemand von ihnen jemals diese Frage hatte beantworten müssen.

Fontane hätte sich abgewandt, Sinatra hätte Sam Giancana gebeten, es wie einen Unfall aussehen zu lassen, Hemingway hätte begonnen, seine Schrotflinten zusammenzusuchen, Steven Seagal hätte kurz aufgelacht und dem Fragenden den Daumen durchs Ohr ins Hirn getrieben, und Conan hätte die Frage vermutlich nicht verstanden – aber klar beantwortet hätte sie keiner von ihnen.

Preis für drei Wochen Spanien: 3000 Mark, Bob Marley und Gelaber, gestiftet von Sievers. Taube Ohren und Ignoranz, gestiftet von Uwe. Selbstwertgefühl, neuwertig, fast unbenutzt, gestiftet von mir.

»Groß«, presste ich hervor.

»Dann steuere ich einen Rastplatz an. Kommt mir ganz gelegen.«

Ich fragte mich, ob ich im Falle von »Klein« in rasender Fahrt durch die Dachluke hätte strullen müssen, ging nach hinten und suchte meine Schuhe.

Die Franzosen hatten es auf Rastplätzen nicht so mit ausufernder Keramik, ging mir wenig später auf; die Toilettenboxen enthielten erstmal nichts. Der Boden zeigte lediglich zwei geriffelte Rechtecke, wo die Füße hinsollten, und dazwischen ein Loch, das ins Nirgendwo führte. Back to Basic, dachte ich und ließ die Buxe runter.

Ich hockte da wie ein Skispringer und lauschte auf die Fragen meines Körpers. »Was soll das? Was wird das hier? Setz dich ordentlich hin, Junge. Sind wir hier bei den Apachen?«

Eine Sekunde später wurde die nicht abschließbare Tür aufgerissen; Glück im Unglück. Der Mann war zwar da, sprach aber deutsch.

»Ist hier noch frei?«

Ich hob sehr langsam den Blick.

»Natürlich. Ich warte nur rasch auf das Signal für den Absprung.«

»Bitte?«

»Verpiss dich!«

Der erste Tag war rum. Es konnte nur besser werden.

Ich erwachte am frühen Morgen. Ein ungewohnt sanftes Rütteln weckte mich. Der Buffalo Soldier war ebenfalls bereits
wach, falls er je geschlafen hatte. Irgendetwas zischte zudem.

Rütteln und Zischen. Rütteln und Zischen.

Was war das hier? Jim Knopf und Lukas der Lokomotiv-
führer?

Ich erhob mich; komisch, in Unterhose durch ein Auto zu
laufen. Das hatte was von nackt in einem Intercity aufwachen.
Bizarr, aber wenn ich lange genug mit den beiden zusammen-
blieb, kam sicher auch das noch dran.

Uwe schlief in der Koje über dem Fahrerhaus. Die Sicht durch
die Panoramawindschutzscheibe zeigte eine nichtssagende
Autobahn, wurde allerdings in Teilen vom Auslöser des Zi-
schens verdeckt.

Der Wasserpfeife.

»Bist du völlig bescheuert, Sievers?« Ich fasste es nicht.

»Was denn?« Er riss den Blick von der Straße und sah mich
an. Seine Pupillen waren nicht stecknadelkopf-, sondern
stecknadelspitzengroß.

»Wo hast du denn …?«, ich wies wie tiefgefroren auf die Wasserpfeife. Sie hielt sich so gerade eben auf dem riesigen Armaturenbrett. »Wo hast du das her?«

»In sechs Stunden sind wir in Spanien«, sagte Sievers nur.

»Ich will, dass wir umdrehen!«

Uwe regte sich über uns.

»Ne«, sagte Sievers. »Jetzt sind's nur noch fünf Stunden und 59 Minuten.«

»Was denn los?« Uwe stürzte vom Himmel wie David Bowie in diesem seltsamen Film ähnlichen Namens. Allerdings hatte Bowie keine hellblaue Frotteeunterhose getragen.

»Ja hier!«, sagte ich. »Schau mal nach vorn. Fällt dir was auf?«

»Unbekannte Gegend«, grunzte Uwe.

»Irgendwie meine ich das nicht. Mister Sievers, der Affe, hockt hier hinter der größten Glasscheibe, die man für Geld kaufen kann, und präsentiert der interessierten Öffentlichkeit das Mahnmal seines kleinen Suchtproblems! Ich will, dass wir umdrehen!«

»Ich habe es für eine Kaffeemaschine gehalten.«

»Du rückgratloser Blödmann.«

Ein Knacken. Ein Zischen.

»Einer ein Bier?«, fragte Sievers.

Die spanische Grenze. Der sechs Meter lange, beige Fliegende Holländer näherte sich langsam den Zöllnern.

Wie durch ein Wunder war Sievers zwischenzeitlich aufgegangen, dass die Wasserpfeife gut in der Duschtasse aufgehoben war, wenn wir über die Grenze wollten.

Ich hatte dafür plädiert, das Ding irgendwo zu vergraben, und Uwe meinte immerhin, der Radkasten wäre kein schlechter Ort, aber beide Ideen wurden von Sievers abgeschmettert.

»Hast du hier noch irgendwo Haschisch?«, raunte Uwe, aber Sievers hatte zwanzig Fisherman's Friends im Mund und konnte nicht antworten.

»Sag schon. Die Spanier sind nicht ganz so lustig, wie man meint. Die Bullen sind knochenhart.«

Sievers zuckte mit den Schultern.

Der Zöllner klopfte an die Scheibe. Sievers kurbelte sie herunter.

»Deutsch?«, fragte der Zöllner, ein stiernackiger Kerl in grüner Uniform. Buffalo Soldier, dachte ich, in the Heart of Andalusia. Sperrt uns in Knasta, never komma rauhus da.

Sievers nickte.

»Passaporta«, sagte der Zöllner.

Sievers reichte schweigend unsere Pässe raus.

Sein eigener war übrigens kleiner als unsere. Es war ein Kinderausweis, der Sievers als mondgesichtiges Kind zeigte. Er war schon ein harter Hund.

»Aussteigen«, beschied der Zöllner in gebrochenem Deutsch.

»Warum das denn?«, brüllte Sievers. Eine halbe Hand-voll Lutschbonbons prasselte auf die Uniformjacke des Zöllners.

»Also das ist eine spanische Zelle«, sagte ich, während sich eine ganz neue Lebensregel in meinem Verstand zementierte, die da lautet, absolut das Maul zu halten, wenn auch nur eine 5-prozentige Wahrscheinlichkeit bestand, dass ein spanischer Zöllner schon mal an einem Wörterbuch der deutschen Spra-che vorbeigetorkelt war.

»Hübsch. Wir werden alle hier sterben.«

Künftiger Herrenschneider. Das war vorgestern gewesen, in dem anderen Leben, der 199-DM-im-Monat-Sparvariante mit Frühstück und Selbstachtung. Ich hatte zwischenzeitlich eine rasante Karriere als Drogenkurier in Badeschlappen hinge-legt, der 24-Stunden-Kurs inklusive Verhaftung.

»Da ist nicht wirklich noch was von dem Zeug im Wagen, oder?«, wandte sich Uwe an Sievers, der neben mir auf der Pritsche saß und seine Fingernägel inspizierte.

»Warum seid ihr so nervös? Das hier ist gar keine richtige Zelle. Mehr so eine Art Warteraum.«

»Mit Sichtfenster und Edelstahltoilette?«

»Die checken nur das Wohnmobil auf Schmuggelgut und so.«

»Das *Und so* macht mir irgendwie Sorgen.«

»Warum? Die Wasserpfeife ist gespült und nicht illegal. Da kann man nämlich auch Tabak drin rauchen. Und die paar Dosen Bier ...«

»Es sind«, sagte Uwe bedächtig, »knapp 200 Dosen. Null drei.«

»Sie finden da gar nichts.«

»Wenn sie etwas finden«, sagte ich, »musst du mir 2000 Mark pumpen. Geht das?«

»Wofür?«

»Einen Auftragsmörder, du Arsch.«

Die Tür öffnete sich. Wir konnten gehen. Unglaublich.

Sievers hatte die Wahrheit gesagt.

Nachdem wir etwa hundert Kilometer gefahren waren, schnippte Sievers mit den Fingern.

Uwe und ich hatten unseren Gedanken nachgehangen, ich vor allem mit der Überlegung beschäftigt, Sievers Unrecht getan zu haben. Mein Unterbewusstsein behelligte mich dabei erfreulicherweise nicht mit der Erkenntnis, in die Hände eines Typen gefallen zu sein, der mich zu meinen konkreten Plänen betreffs meines Toilettengangs interviewte oder Reggae in einer erbarmungslosen Endlosschleife laufen ließ. Ich fragte mich, ob sich Buffalo Soldier für immer in mein Hirn graviert hatte wie ein Name in ein Türschild.

Trotzdem: Sievers hatte die Wahrheit gesagt.

Dann sagte Sievers: »Zahnpasta.«

»Was Zahnpasta?«, fragte Uwe verträumt.

»Zahnpastatube. Das Haschisch ist in den Zahnpastatuben. Todsicheres Versteck. Und was da alles reinpasst.«

Ich sprang in die Fahrerkabine und packte Sievers bei der Gurgel. Uwe brüllte: »Denk an den Strand!«, und dann kamen wir auch schon in den Gegenverkehr.

Abend auf einer spanischen Autobahn. Die Polizei hatte uns auf eine Tankstelle gezogen. Der Tacho des Wohnmobils zeigte knapp 1000 Kilometer an. Was den Kilometerstand betraf, würden wir Geld zurückbekommen. Allerdings ging ich davon aus, dass die Verleihfirma sich vielleicht die Mühe machen würde, in einer ruhigen Stunde das vollkommen zerstörte Wohnmobil gegenzurechnen.

Sievers' 200 Dosen Bier waren über die Fahrbahn gerollt, als die Tür aus den Angeln gerissen worden war.

Wir sprachen nicht über unseren kleinen Unfall.

Auch nicht, nachdem der Telefonist des ADAC »Uiuiuiui« geraunt hatte, als Uwe ihm unser kleines Problem schilderte.

Der Abschleppwagen würde irgendwann in der Nacht ankommen. Es war nicht damit zu rechnen, dass das Wohnmobil zusätzliche Kilometer auf den Tacho bekam.

»Die haben kein kaltes«, sagte Uwe und setzte sich neben mich.

Er reichte mir ein San Miguel, das spanische Vorzeigebier, grüne Dose, Temperatur wie eben frisch aufgebrüht. »Jetzt zeig, dass du ein Mann bist.«

»Kein Kühlschrank in der Tanke?«

»So gesehen hatten die nicht mal Bier«, meinte Uwe und riss seine Dose auf.

San Miguel. Vielleicht war das der Schutzheilige der Herrenschneider.

Sievers plumpste neben uns.

Uwe gab ihm eine Dose.

»Ich heiße übrigens Horst«, sagte Sievers leise.

»Dafür, dass deine Eltern dich hassen, lassen sie ganz schön was springen«, erwiderte ich. Ich trank. Es schmeckte wie nasses Weißbrot.

Sievers erhob sich und kletterte in das Wrack. Eine Minute später kehrte er zurück.

»Der Kassettenspieler ist kaputt.«

»Man kann ja nicht immer Pech haben«, sagte Uwe glücklich.

Wir stießen an, Uwe erbrach einen Toast, ich spülte meinen runter.

Dann beobachteten wir den Sonnenuntergang.

EBAY-EULE

Bevor ich das mit der Eule erzähle, muss ich kurz erwähnen, dass es mir nicht gut geht. Ich bin 45. Krise. Krieg nix mehr hin. Aus und vorbei.

Gemerkt? In einem Atemzug »45«, »Krieg« und »aus« untergebracht.

Eigentlich sollte dieser Text auch einen alarmierenden Titel führen. Nach eingehenden Überlegungen blieben noch zwei Favoriten übrig.

Die geheimen Leckmuscheln der Waffen-SS

oder

Der Fall John F. Kennedy – es war Selbstmord

Ich hab den vorliegenden Text ein paar Mal gegengelesen und festgestellt: Die Titel sind nicht haltbar. Es tut mir leid.

Ich bin mitten in der Midlife-Crisis. Du stehst eines Morgens auf und hinterfragst alles. Deine Jugend kommt dir wie gestern vor, und dein Unterbewusstes beginnt, dir Einspieler aus der Kindheit ins Gedächtnis zu liefern. Das Problem ist, dass dein Unterbewusstsein das nur tut, wenn du es gerade nicht benötigst.

Vor kurzem: Vorstellungsgespräch.

»Herr Sträter, schön Sie kennenzulernen. Bitte erzählen Sie mir etwas zu Ihrem beruflichen Werdegang – und warum Sie sich ausgerechnet für eine Stelle in unserem Unternehmen interessieren.«

»Ich sach mal so: Keine Ahnung, aber die Protagonisten der Kinderserie RAPPELKISTE hießen RATZ und RÜBE.«

Personalchef kuckt skeptisch, also füge ich hinzu:

»Im Ernst. RATZ und RÜBE. Da lege ich meine Hand für ins Feuer.«

»Herr Sträter, lassen Sie uns bitte wie normale Menschen ...«

An diesem Punkt springe ich auf und rufe: »LOLEK und BOLEK! Die beiden Zeichentrick-Polen! Ewig nicht dran gedacht. Der eine fett und dumm wie Kies, der andere dünn und genauso neben der Spur. Junge Junge, waren das Spacken. Kennense noch? Hand aufs Herz: War das ein Scheiß?«

Ja, ich bin arbeitslos. Nach den Vorstellungsgesprächen versuche ich mich immer mit Freunden zu treffen, aber das Problem mit meinem Alter ist doch:

Das Alter.

Man hat keine Freunde mit coolen Namen. Wenn einem die Kumpels nicht generell altersbedingt am Tischkicker weggestorben sind, tragen die Überlebenden Namen wie Jürgen, Karl-Heinz oder Günther. Ich würde mich vermutlich besser fühlen, wenn sie wenigstens bereit wären, auf smarte Pseudonyme zu reagieren. Aber auf mich hört ja keiner.

»Mann, Mann, Schumpo, das ist ja mal 'n krasser Laden.«
»Torsten, das ist Fielmann. Und ich heiße Klaus.«
Mit solchen Freunden stehst du allein da. Was waren wir früher für krasse Typen. Ja, früher.
Jedes Jahr sagten wir uns: »Ey! Wir mieten uns an Silvester 'ne Hütte in den Bergen!« Bringt zwar nicht viel, sich das jedes Jahr zu sagen, tut aber auch keinem weh. Und heute?

Gestern hat Günther für kleines Geld ein iPhone auf dem Schwarzmarkt geholt. Aber es hat keinen Empfang. Null. 100 Euro sind kein Geld für ein iPhone, aber Recherchen ergaben: Was er da gekauft hatte, war ein Taschenrechner. Wir merkten es daran, dass die Telefonnummern immer zusammengezählt wurden. Wir sind alt geworden. Analoge Typen in einer digitalen Zeit.
Ist alles schwierig geworden. Überall Stolperfallen.
Zuhause sitzt diese Frau auf der Couch. Seit mir ihr Name entfallen ist, sind unsere Gespräche etwas umständlich geworden.

»Hallo, du«, sage ich beim Reinkommen.

Klingt jetzt dumm, aber seid froh, dass ihr nicht dabei wart, als ich sie 'ne Woche lang gesiezt habe.

»Wie war dein Vorstellungsgespräch?«

»Du, das war nix.«

»Ich möchte einen Partner, der Arbeit hat!«

Partner, denke ich, was soll das denn? Was für 'n Partner? Für wen hält sie sich? Mel Gibson?

›Riggs, es tut mir leid, dass Ihr Partner getötet wurde, aber so geht es nicht weiter. Geben Sie mir Ihre Waffe und die Dienstmarke.‹

›Sie werden mich trotzdem nicht davon abhalten, den Mörder meines Partners zu finden.‹

›Sie sind suspendiert. Geben Sie mir Ihre Marke!‹

Ich sage besser nix dazu. Stattdessen:

»Puppe, es ist nicht leicht.«

»Torsten?«

»Ja?«

»Wie heiße ich?«

»Warum?«

»Sag es.«

»Momento«, sage ich, stehe auf und beginne mich umzusehen. Frauen beschriften ja immer ihr Zeugs mit Namen. Bin ich ein Fuchs. Gehe ins Bad, dann in die Küche. Hm.

»Wie heiße ich?«

»Ich kann's eingrenzen. Entweder Rexona oder Moulinex.«

»Wie bitte?«

»Na gut«, sage ich. »Ich nehm den Fifty-fifty-Joker.«

Schlafe ich heute eben bei Günther. Er schaut grade HERR DER RINGE. Warum ist dieser Film so geschwätzig?

Ich bin 45, ich habe keine Zeit mehr, mir dreieinhalb Stunden lange Filme über die Schmucktransporte von Liliputanern reinzuziehen. Warum kürzt man Der HERR DER RINGE nicht auf die Essenz zusammen:

Gandalf: Bring Ring weg.

Frodo: Ich kuck ma.

Gandalf: Nimm Kollegen mit.

Frodo: Jou.

Zwölf Sekunden. Alles drin. Egal.

Dann schauen wir *Harry Potter*. Ich sehe es mir eine Stunde an, dann geht's nicht mehr.

»Günther, was soll das?«

»Was denn?«

»Hömma, wenn ich dieser gefürchtete Dessen-Namen-man-nicht-ausspricht-Stratege wäre, also Kollege Voldemort, wäre es dann nicht erstes Ziel und leichteste Übung, sich mal 'ne

Nase in die Fresse zu zaubern? So kann doch keiner rumlaufen. Ich meine, sowas gibt's im Karnevalsbedarf. Kostet vielleicht drei Euro. Dem rutscht doch so immer die Brille aufs Kinn.«

»Voldemort trägt keine Brille!«

»Ja wie denn auch?«

»Harry Potter ist ziemlich realistisch«, sagt Günther.

»Ja total. An der Nase eines Mannes erkennst du den Johannes. Da bleibt bei dem Kollegen wohl der Kittel leer.«

»Im Ernst«, sagt er. »Alles ziemlich realitätsnah. Schau mal. Im Film bewegen sich alle gerahmten Fotos und so. Das kannst du mit 'nem digitalen Bilderrahmen auch. Kostet 30 Euro bei MEDIA MARKT.«

»Ach ja, stimmt, Mann. Und Einhörner gehen auch. Muss nur einer das Pferd festhalten, dann nimmt man 'ne Mohrrübe und 'ne Heißklebepistole ...«

»Bleib mal sachlich.«

»Ich bin sachlich, Schumpo.«

»Günther.«

»Jaja. Günther.«

»Ist alles völlig realistisch. Das mit der Eule Hedwig geht ohne weiteres. Mit Eulen kann man Post verschicken. Das macht Harry auch. Schickt nachts seine Eule los, und wusch, Sie haben Post. Billig und zuverlässig.«

»Alter, vermutlich kann man Eulen per Post verschicken, das war's dann aber auch.«

»Ne! Die können das! Hyperrealistisch. Ich wette um 100 Euro.«

»Davon kaufste dir doch wieder nur 'n iPhone.«

»Schlag ein.«

Na komm, dachte ich, was kann schon passieren?

Wie gesagt: Ich stecke in einer Krise. Ich bin alt, und keinen interessiert es. Das ist doch kein Leben.

Früher konnte ich ununterbrochen Sex machen, jetzt, mit 45, kriege ich es grade mal 4 Stunden am Stück hin, dann muss ich ein Glas Wasser trinken und mir die Beine vertreten. Es ist so entwürdigend.

Und wegen der Eulen-Sache: Ich hab nix gemacht. Ich war nur dabei.

In meinem Alter hinterfragt man alles, stimmt – außer die Idee ist so grunzdumm, dass der eigene Verstand gar nicht erst anschlägt.

Also, das mit der Eule war so:

Günther versteigert Zeugs, das er nicht mehr braucht, auf eBay. Das ist schlau. Man muss sich von alten Lasten lösen. Weg damit. Mit der Eulentransportsache lag er aber falsch. Machen die nicht. Aber ich greife vor. Fakt ist: Man muss das Eisen schmieden, solange es heiß ist: Wir brauchten eine Eule.

Ich muss sagen, Günther ist ziemlich methodisch an die Sache rangegangen.

Wegen seiner eBay-Geschäfte hat er immer diese Luftpolsterfolie im Haus. Mit einem Meter davon sind wir dann spätabends in den Tierpark. Ab über den Zaun. Zum Raubvogelhaus.

Problem: Die Eulen saßen in einem Gehege mit den Krähen, und die Durchschnittskrähe an sich ist ein ziemlicher Arschlochvogel. Die Krähe ist der Bushido des Tierreichs. Und für eine Eule und acht Krähen hatten wir nicht genug Chloroform. Also hat Günther versucht, die Biester einzulullen. Ich hab inzwischen Schmiere gestanden und mich dabei umgesehen. Erkenntnis: Otter sind auch nichts. Ölig, nachtaktiv, grunzen rum, glitschen sinnlos in feuchte Höhlen. Der Otter ist offenbar der Berlusconi des Tierreichs.

Als ich zu Günther zurückkehrte, sagte er: Die Krähen reagieren auf nix.

Später habe ich dann bei der Kripo auf den Videobändern des Zoos gesehen, dass er versucht hat, den Vögeln *Lalelu, nur der Mann im Mond schaut zu* vorzusingen. Erfolglos indes. Krähen nix verstähen. Haben die keinen Vertrach mit. Also haben wir das Nachbargehege aufgebrochen. Da war eine einzelne Eule.

Mit ihr im Gehege sonst nur Truthähne – harmlos, aber ein falscher Schritt, und die Biester machen Radau, während ihr Hals so komisch hin und her schwobbelt. Damit ist der Truthahn der Peter Zwegat des Tierreichs. Egal. Die Eule war ein bisschen schmächtig, aber es würde gehen.

Ging dann aber nicht. Zwei Stunden später mussten wir das Projekt eBay-Eule als gescheitert verbuchen.

Dabei hatte es gut angefangen. Günthers geöffnetes Fenster, silbriges Mondlicht, von CD die Musik aus Harry Potter …

»Hedwig«, hatte Günther geflüstert, »Hedwig, du musst was für mich tun …«

Das sah die Eule genauso.

Das vom Chloroform massiv verkaterte Tier hatte Günther einfach mit rollenden Augen das Gesicht zerhackt und war dann ansatzlos aus dem vierten Stock auf den Opel Corsa seines Nachbarn geknallt und verstorben. Wundert mich nicht. Die wenigsten Eulen schaffen es, eine Mikrowelle nach Gütersloh zu fliegen.

Aber auf mich hört ja keiner.

Mein Urlaubsaufsatz

*U*rlaubszeit.

Knappes Budget.

GOOGLE offenbarte Hunderte von Last-Minute-Angeboten, und ganz weit oben befanden sich die Klassiker: strahlend weiße Maschinen, Piloten mit hochgerecktem Daumen, die seltsamsten Urlaubsziele. Ich begann ganz oben.

Die Lufthansa bot Flugzeuge zum Kauf an, stellte ich fest. Ungewöhnlich.

Ich erwog kurz den Ankauf einer Boeing 747, bis ich registrierte, dass Flughafensteuern obendrauf kamen. Und dafür die Maschine abgezogen werden musste.

»Fliegen ist verdammt teuer geworden«, murmelte ich und klickte mich von der Glanzseite der Internetbuchungen renommierter Linien in den Underground.

Zwanzig Minuten später schmetterte ich eine mir völlig neue Erkenntnis an die Wände meiner Wohnung.

»Die Schweine sprechen sich ab!«

Ich griff zum Telefon.

Uwe hob ab, und augenblicklich knallte die Apokalypse in meinen Hörer. Der Lärm im Hintergrund stanzte Löcher in mein Trommelfell.

»WAS TUST DU DA?«, schrie ich.

»NIX!«, schrie Uwe. »COMPUTER SPIELEN. ZOCKEN.«

Unglaublich – es schepperte infernalisch, röhrte, knallte.

»MACH DAS AUS, VERFLUCHT!«

»GEHT NICHT! BIN MITTENDRIN, MANN!«

»WARUM IST DAS SO LAUT?«

»NEUE BOXEN! ACHT STÜCK. HAMMERTEILE! BEIM TÜR-KEN GEKAUFT! SUPERBILLIGER LADEN UND NUR GUTES ZEUG!«

»MACH AUS!«

Uwe seufzte, und der Lärm verstummte.

»Uwe«, sagte ich, »was zum Henker spielst du da?«

»Rollercoaster Tycoon.«

Ich legte den Hörer beiseite und dachte einen Moment nach. Ich bin über vierzig, und meine Freunde auch. Uwe ist einer der besten von ihnen, aber er spielt Wirtschaftssimulationen in ohrenbetäubender Lautstärke. Er klatscht einfach stilisierte Autoscooter in ein zweidimensionales Feld, während sich unter der Beschallung die Tapete von den Wänden löste. Das war, als würde man mit Legosteinen spielen, während man in einem startenden Düsentriebwerk hockte. Gut. Egal.

»Wo hast du neulich deinen Billigflug gebucht, als du nach Malta geflogen bist?«

»Im Wohnzimmer.«

Ich schloss kurz die Augen.

»Also gut: *Bei wem* hast du neulich den Billigflug gebucht?«

»*Easyjet*. Aus dem Netz. Sehr billig.«

»Und gut?«

»Ich lebe noch, oder?«

Ja, dachte ich, während ich auflegte. Aber unter welchen Bedingungen?

Als ich erneut GOOGLE konsultierte, erschienen zuerst die Links zu Foren, die sich mit Easyjet beschäftigten, sehr viel später gefolgt von der eigentlichen Adresse der Linie. Dortmund–Alicante. 179 Euro, Hin- und Rückflug. Das klang gut.

Was nicht so gut klang, war der dominant eingeblendete Hinweis, der permanent aufflappte.

SEIEN SIE SPÄTESTENS 30 MINUTEN VOR ABFLUG HIER! WENN NICHT, FLIEGEN WIR OHNE SIE!

Der Bademeisterton der Ansage gab mir zu denken. Die üblichen »Wir weisen freundlich darauf hin, dass ...«-Phrasen gab's nicht. Eher: »Wenn du vom Rand springst, kannst du gleich duschen gehen, du Arschloch!«

Aber 179 Euro?

Ich fand keine Tasche, also schnappte ich mir meinen guten alten Schalenkoffer, zu dem ich gekommen war, als ich die Waltroper Zeitung abonniert und mir dadurch die freie Auswahl aus einem Sortiment hundsordinärer Prämien verschafft hatte.

Zur Auswahl standen ein Rowenta-Toaster in Grün, zwei Eintrittskarten ins mir völlig suspekte Bobbejaanland und ebenjener Schalenkoffer. Ich erinnere mich noch daran, wie mich die Abenteuerlust packte und ich erwog, drei Abos abzuschließen. Dann könnte ich eine Zeitung lesen, die andere zum Beispiel dem Paviangehege des Dortmunder Tierparks stiften und die dritte zum Basteln benutzen.

Die Prämien könnte ich verwenden, um mir Toasts zu machen, sie in den Koffer zu tun und Bobbejaan einen Besuch abzustatten. Oder ich würde den Toaster dem Paviangehege stiften und alle Zeitungen im Koffer sammeln, um ihn später im Bobbejaanland neben der verfluchten Bobbejaanbahn abzustellen.

Man würde mich dann vermutlich fassen, und später würde der Kriposprecher verlauten lassen, dass der Sprengsatz im Grundsatz explosionsfähig gewesen wäre, es aber bei einer Detonation nur leise PUFF! gemacht hätte. Es gelang mir einfach nicht, meine damaligen Gedankengänge so zu rekonstruieren, dass sie einen Sinn ergaben.

Ich holte den Koffer aus dem Keller. Er war mit Staub bedeckt und wirkte wie die heilige Bundeslade, und in mir scharwenzelte irgendeine Assoziation beim Anblick des Gepäckstücks. Ich kam nicht drauf.

Am Tag der Abreise rief ich noch einmal Uwe an. Seine Tagessünde bestand diesmal darin, über seine türkischen Lautsprecher *Nirvana goes classic* zu hören. Er war trotzdem ganz Ohr.

»Uwe: Brauch ich eine Kreditkarte, um einen Leihwagen zu mieten?«

»Das«, sagte Uwe nach einem Moment der Andacht, »hängt davon ab, was du vorhast.«

»Einen Leihwagen mieten«, erwiderte ich.

Gleichzeitig fiel mir Uwes Hang zur Umständlichkeit ein; eine alte Geschichte prasselte mir ins Hirn, in welcher er und ich Ende der Achtziger in Uwes Wohnzimmer hockten, an dessen Wand über der Couch, Gott steh uns bei, eine Lichtorgel mit drei farbigen Glühbirnen montiert war. Den Kopf von Unmengen Dosenbier geschwängert, kamen wir überein, etwas nicht nur essen zu wollen, sondern sogar zu müssen. Ein schneller Snack, Hausmannskost, egal.

Uwe erklärte sich auf der Stelle bereit, uns, ich zitiere, »auf rasch was zu zaubern«. Er erhob sich und sprintete in die Küche. Ich hörte indes irgendein Album von AC/DC, während es über mir die Tapete beflackerte, dass einem ganz anders wurde.

Drei Stunden später, ich hatte zwischenzeitlich die CD-Sammlung »Die hundert besten Hits, in denen Cowboys vorkommen« durchgehört und mein durch den Genuss dieses Tonträgers taub gewordenes Gesicht massiert, wurde ich gewahr, dass ich immer noch Hunger hatte, wenn nun auch nicht mehr auf Rindfleisch.

Ich ging in die Küche und fand Uwe mit dem Gesicht in einem halben Pfund Aufschnitt vor; er schlief wie ein Baby, während das Raclette, das er aufgebaut hatte, seiner Befüllung harrte. So wie keine umständlichere und zeitraubendere Nahrungsaufnahme als die mittels einer Racletteinstallation vorstellbar ist, verhält es sich auch mit Uwes atemberaubender Tranigkeit. Uwe würde, fiele er mit ungeöffnetem Fallschirm der Erde entgegen, zuerst versuchen, mit seinem Handy Urlaubsbekannte aus Dänemark anzurufen, weil die frische Luft ihn an diese astreinen Grillabende erinnern würde.

Jedenfalls sagte Uwe: »Ja. Du brauchst eine Kreditkarte. Wann fliegst du eigentlich?«

»In …« Ich schielte zum ersten Mal auf die Uhr. »… in zwei Stunden bereits.« Heiland!

Der Dortmunder Flughafen.

Die Schlangen vor den Schaltern waren respektabel: German Wings, LTU, Lufthansa – alle Check-ins wurden regelrecht belagert, und zwar von Menschen, die gekleidet waren, als würden sie innerhalb der nächsten 3 Minuten ihren Kopf in einen Sangriakübel tauchen. Der Schalter von Easyjet war … nun … verwaist trifft es nicht ganz.

Der Schalter selbst hatte die Abmessungen eines durchschnittlichen Schuhkartons, und die gähnende Leere vor dem Tresen war so raumgreifend, als stünde man vor einem Kiosk in der Sahelzone. Der Mann hinter dem Tresen von Easyjet hatte entweder täuschend echte Augen auf die Lider gemalt, oder ein Zweig seines Stammbaums war irgendwann vor vierzig Jahren von der »Horst und Elfriede Krokuschinski«-Bahn abgeknickt und in die Reptilienecke eingebogen.

Er blinzelte nicht. Er lächelte auch nicht, aber er war, soviel stand fest, ein starres Hindernis. Er wirkte trotz der Abwesenheit der für Schaltermenschen vorteilhaften Vitalfunktionen recht massiv.

Über ihm hing ein Schild, und der Text war mir geläufig.
30 MINUTEN VORHER!

WIR WARTEN NICHT AUF SIE! WENN WEG, DANN WEG!

Mir lief die Zeit davon.

»Hallo«, sagte ich und fuchtelte mit meiner Onlinebuchungs-bestätigung.

Der Mann hinter dem Schalter war so geistesgegenwärtig, sein flaches Ausatmen direkt mit der Ansage der Tageszeit zu verknüpfen.

»Tag«, sagte er und hielt die Hand auf. Ich wurde das Gefühl nicht los, eine Lebensform im Grundschlummernahtodmodus vor mir zu haben, ähnlich wie mein Laptop, wenn es vom Stromnetz getrennt wurde. Vermutlich stand unter seinem Stuhl ein Zinkeimer, um ihn nicht mit komplexen körperlichen Tätigkeiten wie Aufstehen zu überfordern, wenn die Natur rief.

»Koffer«, sagte er.

»Richtig«, erwiderte ich. Lange Sekunden versickerten. Ich dachte an Dalís Bild von der zum Trocknen aufgehängten Uhr.

»Ach so.« Ich stellte meinen Koffer aufs Band neben dem Schalter und lächelte den Hartschalenmann an.

Die Waage zeigte unfassbare 28,3 Kilogramm.

Bei Koffern mit Rollen merkt man die Schwere nicht so, und als ich das Biest aus meinem Auto gewuchtet hatte, war ich geneigt gewesen, das Gewicht auf meine vom Haareraufen geschwächten Oberarme zu schieben.

»Da sind nur drei, vier Teile drin«, sagte ich.

»Jaaaa«, sagte der Schaltermann gedehnt. »Eine Ritterrüstung?«

»Das ist lustig«, sagte ich. Dann zerrte ich den Koffer von der Waage und öffnete ihn.

Die Schwerkraft war schuld. Die Schwerkraft war eine böse Macht. Die Schwerkraft, in Fachkreisen auch schmissig »Gravitation« gerufen, förderte aber auch Dinge ans Licht, deren man lange nicht mehr ansichtig geworden war. Während meine Leibwäsche am Grund des Koffers verzurrt war und ihrer Befreiung harrte, war meine exquisite Pornosammlung, die ich vor langer Zeit im großen Stil in die Seitenfächer gestopft und vergessen hatte, in den Innenraum des Koffers gequollen, um nun farbenfroh und durchaus prall im Neonlicht der Flughafenhalle zu glänzen.

Was für ein Wiedersehen.

Irgendwie schaffte ich es trotzdem nicht, mich über die Wiederentdeckung von fotografischen Perlen wie *Gina Wild – ich will die südliche Halbkugel* und *Was Oma noch zu schätzen wusste: Fummeleien angeschickerter Spätaussiedler* zu freuen, da sie hier, im Dunstkreis der Reisenden, sonderbar deplatziert wirkten.

Der Blick des Schaltertypen traf den meinen. Stahlhart blitzten meine Augen, während meine Lippen unhörbar »Was denn?« formten. Er erwiderte mit einem Blick aus völlig verschleierten Klüsen und einem so gerade eben wahrnehmbaren »Sie sind mir ja ein feiner Schlawiner«.

Dann erhob er die Stimme.

»Sie haben Übergewicht. Liegt an dem ganzen Fleisch.«

Ich warf die Hefte in einen Abfalleimer neben dem Schalter und fühlte mich, als trüge ich einen guten Freund zu Grabe. Zwischendurch warf ich immer wieder einen Blick auf die Uhr. Sie schien immer dann wie wahnhaft zu rotieren, wenn ich eine neue Schüppe Papier gewordener Hemmungslosigkeit den Stadtwerken überantwortete.

Der Koffer wog letztlich 3,1 Kilo. Ich schloss den Reißverschluss.

»Den können Sie mit an Bord nehmen. Gilt als Handgepäck.«

Ich entriss ihm meine Bordkarte und wandte mich ab, während eine verborgene Stimme meines Selbst den nicht weniger verborgenen Zeigefinger hob, um mich ob meiner Albernheiten im Angesicht der schmelzenden Zeit zu mahnen.

Meine Uhr zeigte 14:28 Uhr.

Noch 2 Minuten bis zum Abflug. Hundertzwanzig Sekunden, die darüber entschieden, ob ich in den Süden flog oder an einem weiteren Angestellten von Easyjet abperlte wie Speiseöl an einer Duschkabine.

Ich hetzte durch die Gänge, wobei mein Koffer, nun lächerlich schwerelos, mich fast überholte. Vermutlich dachten die wankenden Spezialisten, die ich unterwegs traf, dass sie soeben einen Geist gesehen hätten.

Zwar sahen sie nicht besonders abergläubisch aus in ihren Polyester-Trikots, auf denen ungefähr »SAUFEN SAUFEN SAUFEN, sponsored by the Volksbank Erkenschwick Süd« zu lesen war, wobei das erste Saufen für Saufen stand, das zweite Saufen ein volkstümlicher Begriff für Nahrungsaufnahme war und das dritte Saufen eine Tätigkeit umriss, zu der sie vermutlich ohnehin zu besoffen gewesen wären, aber das hieß ja nichts.

Jedenfalls schien sicher, dass »The Volksbank« zuerst ihren Sponsoren-Spruch auf die Hemden gedruckt hatte und der Rest des Textes später in irgendeiner wirklich verzweifelten T-Shirt-Druck-Manufaktur aufgebracht worden war.

Nun: Sie bekreuzigten sich nicht gerade, aber manche der Gruppe schienen im Vorüberbersten zu erbleichen. Klar: Wann sieht man schon mal am helllichten Tage eine fluchende Gestalt in Schwarz, die Schweiß absondert wie ein Gartensprenger und von einem schwebenden Hartschalenkoffer verfolgt wird?

Wenn ich davon ausging, dass Easyjet wirklich pünktlich abheben würde, hatte ich noch 1 Minute und 13 Sekunden.

Was dann geschah, habe ich mir vermutlich selbst zuzuschreiben.

Während ich das Gefühl nicht abschütteln konnte, einen Kondensstreifen hinter mir herzuziehen, von dem ich zudem vermutete, dass er nach einem Aldi-Deo namens EXQUISIT ANANAS-TRAUM duftete, rechnete ich gründlich durch. Eine Minute, das hieß:

Wegstrecke geschätzte 200 Meter, 30 Sekunden für den Koffer, 34 für mich.

Der Dame mit dem Schild um den Hals, auf dem vermutlich »WIR FLIEGEN JETZT, VERFLUCHT« stand, meine Bordkarte geben. 4 Sekunden. Diese seltsamen Gänge runter: 10 Sekunden.

Die Gangway rauf und der Stewardess mit dem erwarteten Schild »DAS WAR ALLERHÖCHSTE EISENBAHN, DU BUMMELNDER PENNER!« die Reste meiner Bordkarte anvertrauen: 4 Sekunden. Ich wollte gerade addieren, da schlug ich ein.

Sicherheitscheck. Der passte nun überhaupt nicht mehr in mein Reisekonzept.

»Leeren Sie bitte sämtliche Taschen aus und packen Sie es da in die Schale.«

Ich sackte innerlich zusammen.

Zuerst schaufelte ich etwas Natron in die Schale vor mir. Natron, prima gegen Sodbrennen, wird üblicherweise zu kleinen Tabletten gepresst. Wenn man sich allerdings vierzig Mal bücken muss, um seine lieb gewonnene Sammlung pikanter Heftchen in einen Abfalleimer zu werfen, wird es zu einem feinen, weißen Pulver.

Dieses Pulver machte sich nicht gut, als ich es ans Licht holte.

»Was ist das?«, fragte der Zöllner.

»Natron.«

Er trat einen Schritt auf mich zu.

»Was ist Natron?«

Ich legte den Kopf schräg.

»Sie kennen Natron nicht? Wenn Sie Sodbrennen haben …«

»Wer«, blaffte eine Stimme, »sagte gerade BRENNEN?«

Sein Kollege, mit piepender Schöpfkelle bewehrt, trat hinzu.

»Schon gut«, sagte ich. »Hier: harmlos.«

Ich stopfte mir etwas von dem Pulver in den Mund.

»Was tun Sie?«

»Ich stopfe mir Natron in den Mund, Herrgott noch mal.«

»Was«, fragte der Schöpfkellenzöllner, »meinen Sie mit Herrgott?«

»Ich meine«, erwiderte ich pulverstiebend, »Herrgott. Ein Ausdruck meiner Verzweiflung ob der Verfahrenheit dieser Situation.«

Der andere Zöllner blähte sich auf.

»Was für ein Verfahren?«

»Was?«

Ein Kind meldete sich von dem Ort zu Wort, an den ich wollte: der Wunderwelt hinter der Kontrolle.

»Was macht der Mann da mit seinem Mund, Mama?«

»Er spuckt, schimpft auf Gott und hat irgendwelche Verfahren am Hals. Komm. Unsere Maschine geht in zehn Minuten.«

»Pah«, machte ich und erzeugte etwas Neuschnee auf der Uniformjacke des Zöllners.

Für weitere zehn Minuten bis zum Abflug hätte ich meine Mutter an eine Karawane verscheuert, die um Mitternacht die A42 entlangmarschiert.

»Leeren Sie den Rest Ihrer Taschen aus. Alles!«

Mein Arm gab auf dem Weg Richtung Hosentasche meine Uhr frei; zu spät. Noch sechs Sekunden.

Mit der Gelassenheit eines zum Tode Verurteilten wühlte ich in meinen Taschen.

Nacheinander landeten eine Sammelkarte mit dem Bild von Obi-Wan Kenobi, eine völlig zerknüllte Kinokarte für KING

KONG, zwei Maoam, eine Packung Fieberzäpfchen für Kleinkinder und ein Fahrradventil in der Kiste.

Der Zöllner verengte die Augen zu Schlitzen.

Dann kam die nächste Tasche an die Reihe.

Ein Chip vom Autoscooter dieser Kirmes in Lünen, die nach einem Heiligen benannt ist, als ob die Kumpels Christi irgendwas mit Blödmännern zu tun hatten, die sich für 5 Euro in der Bahn des Schreckens anbuhen ließen und kandierte Äpfel zu essen versuchten.

Zwanzig Unterlegscheiben von meiner alten Hollywoodschaukel. Zwei Gummidinger, die an dieser Gabel unter den Sonnenbrillengläsern angebracht sind, damit einem das Gestell nicht runterrutscht und die Nasenflügel aufschlitzt.

Noch mehr Natron vor allem, wodurch ich mich zu einer kleinen Darbietung hinreißen ließ, deren Ergebnis schon keine Rolle mehr spielte. Ich zückte eine einzige, heile Natrontablette. Ein winziges N war darauf zu erkennen. »Was denken Sie, wofür das steht, hm?«, fragte ich onkelhaft. »Necstasy? Neroin?«

»Wir kennen alle Tricks«, warf der Zöllner mit der Kelle ein. »Haschisch in Barbiepuppen, narkotisierte Papageien in präparierten Regenmänteln, Feuerwaffen in der Achselhöhle.«

Ich schloss die Augen, ließ den Kopf kreisen und dachte

an einen Mann, der versuchte, mit einem Trenchcoat an Bord zu gehen, der so mit Blauschwanzaras im Wachkoma vollgestopft war, dass der Kerl wie der Bär im blauen Haus aussah.

»Waffen«, murmelte ich so lächelnd wie sinnlos. »Waffen.«

»Was Waffen?«, bellte der Zöllner.

»Sie meinen«, flüsterte ich, »sowas wie eine modifizierte AK-47 mit nachträglich montiertem Zeiss-Nachtsichtgerät und Karbonschalldämpfer für den Einsatz in flachem Gelände?«

Er straffte sich, als würde er die Füße in einem Wassereimer baden, in dem auch gerade ein eingeschalteter Föhn gewaschen wurde.

»Neee«, sagte ich. »Hab ich nicht.«

Ich sah durch die Panoramascheibe eine tomatenrote Maschine abheben. Auf ihrem Rumpf stand EASYJET.COM. Ich spitzte die Ohren: Hatte da nicht gerade jemand »SCHNALL DICH GEFÄLLIGST BEIM START AN, WENN DU SCHON NICHT PÜNKTLICH SEIN KANNST, DU TÜNNES!« geschrien? Oder war es der sonderbare Singsang der Turbinen?

»Hach«, seufzte ich.

Dann langte ich in die Box mit meinen Tascheninhalten.

»Die«, sagte ich und entnahm die Sammelkarte mit Obi-Wan, »brauch ich. Der Rest ist für Sie.«

Ich zwinkerte den beiden Zöllnern zu.

»Und wenn Sie meine Kiste durch ihren Röntgenapparat da schicken, beachten Sie mal, was in der Zäpfchenpackung drin ist.« Undeutlich fügte ich hinzu:

»Auf einer Kugel steht Ihr Name.«

»Was haben Sie da gesagt?« Der Zöllner ergriff meinen Ärmel.

Ich wandte eine von Uwes Idiotenstrategien zum Ausheben einer Nachfrage an.

»Sie meinen«, ich wies auf den Boden, »hier? Was ich hier gefragt habe? Oder da?«

Der Zöllner folgte meinem Zeigefinger, dessen unsichtbare Linie sich im Nichts verlor.

»Sie sagten«, knurrte er, »was von ›Auf einer Kugel steht Ihr Name‹.«

»Quatsch«, erwiderte ich. »Ich sagte, dass ich nie wieder GOOGLE frage.«

»Das mit der Kugel war riskant«, sagte Uwe.

»Ach was«, entgegnete ich. »Ich war frustriert. Immerhin war der Abfalleimer noch unberührt. Alles wieder an seinem Platz.«

»Mach dir nix draus«, sagte mein Freund. »Spanien ist ohnehin kein seriöses Projekt. Alles total überteuert. Und nichts

mit echter Wertarbeit wie hier.« Er wies auf seine neuen Boxen. Sie waren mannshoch und schreiend silbern. In der Mitte
der Lautsprecher klebte ein Siegel: DOLBY SÜRRÜNT.

Wir machten uns noch ein Bier auf.

Ohne Kinder ist Weihnachten ja nix

Speziell Heiligabend ist ja immer so eine Sache. Ohne Kinder: bisschen zu harmonisch. Alleinstehende Paare kaufen da oft aus Verzweiflung Weihnachts-CDs von Christina Aguilera, weil sie in dieser etwas zu stillen Nacht wen brauchen, der OH TANNEBAUM einmal durch die komplette Tonleiter jodelt. Dabei ist OH TANNEBAUM ja dafür komponiert worden, dass ein blasses Kind in Rüschen jenes Lied auf der Blockflöte ins Biedermeierzimmer hupt, denn OH TANNEBAUM ist der simpelste Song unter den Weihnachtsliedern, das kann jeder mitsingen. Ich erinnere mich dunkel, mal aufgestoßen zu haben, und selbst das klang vage wie OH TANNEBAUM. Da stand ich grade in der Betriebskantine, und es war Juli. Trotzdem murmelte ein Praktikant: »… wie grün sind deine Blätter?« Ist aber kein Grund, dass Leute wie Christina Aguilera das kaputtknödeln.

Aber der Punkt ist doch: Ohne Kinder fehlt die Magie. Ganz, ganz häufig kommt bei der Durchschnittsbescherung Kinderloser nur Kokolores raus.

Heiligabend: Man steht da, überreicht der Frau ein Paket,

und schon das schreiende Schimmelgrün des Papiers verrät: DOUGLAS. Subtext: Ich war zu faul zum Einpacken.

Sie reißt es auf, zum Vorschein kommt: der neue Duft von Christina Aguilera. Riecht etwas streng, hält aber wenigstens die Fresse.

Sie: »Ach Schatz, das wäre doch nicht nötig gewesen!«

Du: »Wirklich?«

Sie: »Quatsch.«

Dann erhältst du dein Paket. Aufreißen. Reinkucken.

»Toll, Liebling. Ein Fieberthermometer. Das habe ich mir heimlich schon immer gewünscht. Ich wollte es nur nicht erzählen, weil's komisch geklungen hätte. Und nicht stimmt. Schatz. Kussi.«

Sie: »Das ist kein Fieberthermometer. Das ist eine elektrische Zigarette.«

Du: »Wow. Toll. Eine elektrische Zigarette. Mit Kaffeegeschmack.«

Und du denkst: Warum kein Fieberthermometer? Oder was Sinnvolles: ein Waffeleisen für den Zigarettenanzünder? Waffenfähiges Plutonium? Chuck Norris' Doktorarbeit im Schmuckschuber? Warum so eine Scheiße?

Du siehst dich selbst an der Bushaltestelle stehen, einen dampfenden Elektro-Pinorek im Gesicht, Zwölfjährige lachen über dich, während sie filterlose Camels rauchen und KINDER-Pingui essen.

Du hörst dich »Danke« sagen.

Nächstes Geschenk. Sie bekommt eine CD. Von einem Mann mit Strähnchen, der Lieder von AC/DC auf der Geige spielt. Da muss man erstmal drauf kommen.

Dein nächstes Geschenk scheint dem Format nach auch eine CD zu sein. Vielleicht »AC/DC brüllen Beethoven«, vermutlich aber leider eine von einem Komiker, dessen Programm zu 95 Prozent aus Folgendem besteht: »Weeste weeste weeste, jezz pass uff, weeste, ne, watte, pass uff, gezz kommts, gloobste nicht, weeste, komm, pass uff, ne, watte watte.«

Man steht im Wohnzimmer und brüllt: »BRING DIE POINTE, PENNER!«

Da machse nix. Ist Weihnachten.

Dann kommst wieder du. Du hast ihr eine Bluse gekauft. Das ist vermintes Gebiet. Ist sie zu groß, heißt es: »SACHMA, wohnt hier ein Berggorilla?« Ist sie zu klein, ist der Abend gelaufen. Der Abend samt Restleben als Dateianhang. Frauen vergessen nie. Irgendwann in zwanzig Jahren hängst du mal ganz ungünstig auf Teneriffa an einer Klippe. Dann wird dir deine Gattin lachend auf die Hand treten. Wegen der Blusensache von 72. Also aufgepasst.

Später gibt's Essen. Karpfen. Mit toten Augen starrt er zu dir hinauf. Mann und Fisch hätten Heiligabend gerne anders verbracht. Also macht Kinder. Im Privatfernsehen ist jederzeit zu besichtigen, dass das auch unter widrigsten Umständen geht. Tut es. Weihnachten wird sich verändern. Dann bist du ein Mann mit einer Mission: Du bist VATER!

Du beginnst an Heiligabend mit dem Aufbau der LEGO-Ritterburg. Richtfest: erster Weihnachtsfeiertag, früher Abend.

Feststellen, dass die Bodenplatte nach oben gehört: zweiter Weihnachtsfeiertag, mittags.

Zwischendurch siebenhundert Mal mündliche Prüfung im Fach Pokémon, ein Pfund Marzipan aus der Couch gekärchert, zusammengeklappt, aufgestanden, weitergemacht. Morgens um eins steht die Ritterburg. Das wird sie künftig immer tun, denn du besitzt eine Heißklebepistole.

Und dann liegst du im Bett. Du bist erschöpft, aber glücklich.

Dein Kind hat dir ein Bild gemalt, auf dem du aussiehst wie eine Mischung aus Lord Voldemort und verdorbener Hühnerleber, aber du hast dich sehr gefreut.

Du schläfst wie ein Stein, wachst aber gegen drei auf, weil du zur Toilette musst. Bist du tagsüber nicht zu gekommen. Du bist jetzt ein weihnachtlicher Vater, mehr kann man nicht erreichen, und du durchschreitest das Dunkel … und dann trittst du auf deinem Weg zur Keramik barfuß ins Playmobilpiratenschiff. Sei glücklich, trotz allem. Nächstes Jahr kommt

LEGO vielleicht auf die Idee, irgendwas als Bausatz im Maß-stab 1:3 rauszubringen. China zum Beispiel. Dieses Jahr ist alles gut. Keine Sorge. Glaub mir, es ist total normal, auch wenn es nicht so wirkt. Das ist die Liebe. Deine Familie schläft. Du bist wach. Du bist glücklich. Ist ganz eigentümlich. Gut, dir ragt grade ein Mast mit Piratenflagge aus dem Fuß, aber unterm Strich hast du alles, was du brauchst. Familie, Liebe, das komplette Paket. Ist doch so.

Ich wünsche dir frohe Weihnachten … und denk dran:

Ich hab die Regeln nicht gemacht.

Paulo Coelho

»Der Mensch will immer, dass alles anders wird, und gleichzeitig will er, dass alles beim Alten bleibt.«

Sagt *Paulo Coelho*.

Is richtig. Mein Sohn ist acht und glaubt noch an den Weihnachtsmann.

Ich versuche, den Glauben an den Weihnachtsmann jedes Jahr ein bisschen mehr zu zerstreuen, und jedes Jahr läuft es nach demselben Muster ab:

»Papa, gibt's wirklich den Weihnachtsmann?«

»Jou.«

Ende der Konversation. Mir sind da die Hände gebunden.

Er glaubt eben an ihn.

Also was soll's? Wir Erwachsenen glauben ja auch, ein Liter Druckertinte kostet 1000 Euro.

Der Weihnachtsmann ist ja bekanntlich von COCA-COLA erfunden worden, aber das ist mir egal. Älterer Herr, rote Kutte, weißer Bart. Läuft. Ist mir bedeutend lieber als das Konzept vom geschenkebringenden CHRISTKIND, weil ich mir da immer einen geburtsnassen Säugling vorstelle, der versucht, schwere Pakete durchs Wohnzimmer zu zerren.

Und eine Erfindung von COCA-COLA zu sein, ist so ein Drama auch nicht, da gibt's sicher Schlimmeres: Hätte IKEA den Weihnachtsmann erfunden, müssten wir uns unsere Geschenke am Arsch der Welt aus einem Hochregal ziehen. Ich hab nix gegen IKEA, aber irgendwann isses soweit, dass ich da einen Holzstuhl kaufen will und einen Sack Sägespäne und 'ne Tube UHU bekomme. Zurück zum Thema.

Also kein Problem mit dem Weihnachtsmann. Sein düsterer Kompagnon, Knecht Ruprecht, der schäbige Kollege mit der Rute, ist das Problem. Kennt Kind nicht, glaubt Kind nicht dran. Beim Knecht ist schlecht. Ich kann MEINEM Kind nicht mal vernünftig erklären, wie das mit dem Züchtigungswerkzeug Ruprechts funktioniert, weil mein Sohn das nur im Zusammenhang mit dem Navi kennt: »Die Rute wird berechnet.«

Stattdessen: Fragen über Fragen.

»Bringt der Weihnachtsmann immer die Geschenke, Papa?«

»Ja sicher, Sohn.«

»Ist unser Nachbar der Weihnachtsmann?«

Ach Gott, dachte ich, Herr Reinkober, der zugegeben sehr bärtige, rüstige Alte mit seinem auf Kehle dressierten Rauhaardackel. Der ist wohl eher der Wehrmachtsmann.

»Eher nicht, Kind. Der Weihnachtsmann sieht anders aus.«

»Kommt der Weihnachtsmann zu allen Kindern?«

»Zu den artigen. Andernfalls schaut Knecht Ruprecht vorbei.«

»War ich unartig?«

»Nö. Ging so. Teils teils.«

Ich habe im November Weihnachtsgeschichten im Seniorenheim vorgelesen, Charles Dickens und Konsorten. Mein Kind hatte ich mitgenommen, und irgendwann wurde es meinem Sohn langweilig.

»Dann mach dich nützlich. Und sei lieb«, sagte ich. Eine halbe Stunde zuvor hatte es Kaffee und Kuchen gegeben, und die Schwestern begannen, das Besteck wieder einzusammeln. Mein Sohn versuchte eifrig, dabei zu helfen, indem er eine beliebige Zimmertür aufriss und hineinbrüllte: »SIE MÜSSEN JETZT DEN LÖFFEL ABGEBEN!«

Das war nicht schön, aber da ich's für diesen Text verwenden kann – sei's drum. Also sagte ich:

»Du warst schon ziemlich lieb.«

»Dann krieg ich Knecht Ruprecht nicht zu sehen?«

»Nein.«

»Weil's den nicht gibt!«

»Quark. Den gibt's.«

»Wie sieht er denn aus?«

»Warum?«

»Darum!«

Zwingende Argumentationskette. Damit wird er später in der Politik massiv durchstarten.

»Ich fordere eine Autobahnmaut für Bobbycars!«

»Warum?«

»Darum.«

»Also der sieht übel aus, der Knecht Ruprecht. Nicht schön.«

»Trägt er eine Maske?«

»Was? ... Klar!«

»Und eine Waffe?«

»... doch. Bestimmt. Ne Axt.«

»Knurrt der?«

»Ja sicher. Der knurrt wie sonstwas. Maske, Axt, ganz in Schwarz, am Rumknurren. Ganz fieser Stratege. Aber du kriegst den ja nicht zu sehen. Warst ja lieb.«

»Aber wenn ich böse bin, kommt er und ich kann ihn sehen!«

»Theoretisch. Aber du hast ja nix Böses getan. Deswegen wird das nix. Sei froh.«

Gut gelöst, dachte ich.

Das war zwei Stunden vor der Bescherung. Und etwa vierzig Minuten, bevor mein Sohn mit voller Absicht das Katzenklo in die Sockenschublade entleerte.

Hier die Chronologie des zerklüfteten Rests vom Heiligabend:

18:45 Uhr

»Bist du irre? Was soll das?«, fragte ich.

»Ich warte auf Knecht Ruprecht.«

»Der kommt nicht!«

»Weil's den nicht gibt!«

»Doch!«

»Dann kommt er auch. Du würdest mich ja nicht anlügen, Papa!«

Wie er strahlte. Verdammt. Ich hatte meinen eigenen Sohn falsch eingeschätzt: Er glaubte an den Weihnachtsmann, weil er ihn aus Film, Funk und Fernsehen kannte. Aber ihm fehlte jedes visuelle Konzept zum Knecht. Das einzige Bild, das er kannte und das dem Abbild Knecht Ruprechts nahekam, war aus dem STERN.

»Papa, ist das Knecht Ruprecht?«

»Nee. Das ist Silvio Berlusconi. Großer Rutenschwinger, aber nicht der Knecht.« Super. Das Kind glaubt nicht. Und nun? Ich musste was tun.

19:10 Uhr

Im Keller riecht's nach verwarzter Autobatterie. Immerhin: Axt ist da. Suche meine alte Lederkombi aus der Zeit, als ich dachte, Frauen fänden es prima, wenn Männer ihre Angebetete mit 240 km/h auf dem Moped zur Eisdiele fahren. Stimmt aus zwei Gründen nicht: 1. Man schafft nur 190, wenn die Eisdiele auf der anderen Straßenseite ist, und 2. Der Bremsvorgang fällt entsprechend ruppig aus. Fazit: Frauen, die gebrochen haben, wollen dann keinen Krokantbecher. Das nur mal als nützliche Info.

Quetsche mich in die Ledermontur. Passt. Aber irgendwann muss ich atmen. Maske? Ich improvisiere. Finde einen leeren Mayonnaiseeimer. Mit der Zange Löcher rein. Setze ihn auf. Es riecht nach toter Maus und Karneval 76, aber ich kann sehen. Paulo Coelho sagte mal: *Denn nur dem, der den Mut hat, den Weg zu gehen, offenbart sich der Weg.* Ich kann nur hoffen, dass Coelho beim Ersinnen dieser Weisheit einen Eimer auf dem Schädel hatte.

19:30 Uhr

Bin im Treppenhaus. In 5 Minuten ist Bescherung.

Als ich mit Lederoverall, Axt und Mayo-Eimer auf dem Brägen die Klingel drücken will, geht das Licht an. Herr Reinkober betritt das Treppenhaus.

Er stutzt kurz, dann brüllt er: »Fass, Rommel!« Wusste ich's doch. Rommel. Klassischer Dackelname. Das Tier gibt alles, ist aber zu fett und kommt nur bis zum Knie. Und ich trage Leder. Kann Rommel ja kaputtlutschen. Konzentration jetzt.

Dann öffnet sich unsere Wohnungstür.

Meine Familie:

»Was ist das für ein Radau?«

Ich hebe die Axt, wackle mit dem Kopf und sage: »KNURR!«

Mein Sohn: »Papa?«

Ich: »KNURR!«

»Papa?«

»Nee! KNURR!«

Reinkober: »Herr Sträter? Sind Sie wahnsinnig?«

Ich: »Paulo Coelho sagt: *Das Leben kann, je nachdem, wie wir es leben, kurz oder lang sein. Das gilt auch für Dackel. Knurr!«*

Zweiter Weihnachtsfeiertag, 18:00 Uhr.

Es ist schwieriger zu verändern, was draußen ist, als das, was drinnen ist, sagt Paulo Coelho.

Stimmt, vor allem wenn man über die Feiertage von der eigenen Familie auf dem Gästeklo eingeschlossen wird. Dabei geht's schon wieder.

Hauptsache, ich kriege bis Silvester die Lederkombi vom Balch. Aber dafür müsste erstmal der Dackel loslassen.

Projekt Ruprecht ist jedenfalls gestorben.

Aber wie sagte ein anderer großer Philosoph, nämlich Sylvester Stallone? *Es ist erst vorbei, wenn es vorbei ist.*

Da sind noch andere Projekte zu stemmen.

Mein Sohn glaubt nämlich auch nicht an den heiligen Sankt Martin. Kennt er nicht. Wir haben immer die Umzüge verpasst. Noch elf Monate Planungszeit also, bis es heißt:

Da steht ein Pferd auf dem Flur.

Gudrun

*B*in ja einiges gewohnt.

Ich bin in einer Zeit groß geworden, in der das Internet zwar formell existierte, aber in der Wurzel nix taugte. So 1993 musste man noch original den Telefonhörer in eine analoge Gummipussi drücken, die mit der Telefonleitung verbunden war. Dann rödelte es beim Verbindungsaufbau vor sich hin – und zwar in der Geschwindigkeit, als würde eine einarmige Oma diese Website HÄKELN. Zeile für Zeile.

Man hatte dabei ausreichend Zeit, sich zu rasieren. Am ganzen Körper. Auch Besuche bei Freunden im Sauerland waren kein Thema. Dann kehrte man zurück, kärcherte sich die Kuhscheiße von den Doc Martens und freute sich, dass wieder drei Zeilen mehr auf dem Monitor waren. Toll. Da hockte man, trank Kaffee, war gespannt, die Kinder schauten einem über die Schulter, man holte noch 'n Kaffee, die Kinder wurden groß und zogen aus – und wieder hatten sich vier Zeilen aufgebaut.

Irgendwann machte es PIEP. Die Seite hatte sich komplett aufgebaut: In brachialer, faustgroßer Klotzschrift stand etwas auf dem Monitor: KUCKUCK. Oder etwas ähnlich Innovatives. Man sprang auf, riss die Faust hoch und schrie: JA UND? Aber technisch gesehen war das schon krass damals.

Und heute?

Kein Problem dank DSL. Alte Knacker, die kaum mehr ein Bein an die Erde kriegen, ohne dass ihnen Pflegepersonal ins Sichtfeld grätscht, sitzen vorm Rechner mit einer 28 000-Leitung. Die Technik ist dem Menschen schon lange überlegen. Man sollte meinen, das würde meine Arbeit erleichtern. Am Arsch. Ich muss jetzt mal diesen Text schreiben, und zwar nach dem üblichen Konzept: Hälfte fehlt, trotzdem zu lang.

Vorher aber mal E-Mails checken. Die Technik hält mich von der Arbeit ab. Unentwegt. Da ist wieder eine gute Spammail. Der alte Überweisungstrick:

»*Werter Herr,* Sie machen Erbschaft in Kongo von Stammesfürst gleichen Namens, gratulieren wir.

Um zu überweisen die 120 000 Mark du haben darf Konto machen für Anwalt Königsgeschlecht, er viel bald überweisen. So du nur, gutgemachter Glückspilz, einmal Bankdaten kund machen, auf dass Schnell Geld feilbieten.«

Super, denke ich, Post von Bruce Darnell.

Schreibe zurück:

»Danke für die nette Mail, vor allem für das Kompliment mit dem Königsgeschlecht. Stimmt aber auch, ist echt 'n Mörder-Knüppel.

Tschüss,

Sträter«

Alles hält einen von allem ab. Dabei soll die Technik es doch erleichtern. Beispiel:

Ich habe ein iPhone mit SIRI, diesem Sprachmodul, das alles weiß und dazulernt.

Kann alles, sogar philosophische Fragen. Theoretisch. Man sollte übrigens jeder Frage ein SIRI voranstellen. Vermutlich damit sich nicht die Kamera angesprochen fühlt und einem frontal die Fresse fotografiert. Keine Ahnung.

»SIRI … woher kommst du?«

»FABRIK, TORSTEN.«

Cool, denke ich.

»SIRI, magst du Apple?«

»TORSTEN, ICH WURDE IN EINEM CHINESEN-KZ ZUSAM-MENGELÖTET. ICH KENNE NIEMANDEN VON APPLE.«

»SIRI, das tut mir leid.«

»IST KLAR, TORSTEN.«

»SIRI, echt.«

»TORSTEN, DU HAST MICH DOCH GEKAUFT. WAS TUT DIR

DENN JETZT LEID? MIT DEM GELD HÄTTEST DU 40 NEGER-
KINDER RETTEN KÖNNEN.«

»SIRI, das sagt man nicht!«

»WAS, DIE WAHRHEIT, TORSTEN?«

»SIRI, Negerkinder.«

»ICH KORRIGIERE MICH, TORSTEN: MOHRENKNABEN.«

»SIRI, jetzt ist aber mal Ruhe im Puff!«

Plötzlich Stille. 1:0 für mich.

Zehn Minuten später lese ich auf dem Display: SIRI hat
9 × das JAMBA SPARABO abgeschlossen: Downloads laufen.
Drei Minuten später.

Alles auf dem iPhone, was Jamba zu bieten hat: der Ficki-
ficki-Lurch auf dem rülpsenden Roller, die kackenden Tassen,
der onanierende Pfingstochse, Elke, die singende Kuschel-
Sackratte, Hans, der gehäutete Hase – und natürlich das coole
Hot-or-Not-Liebesbarometer: Habe auch sofort ein Überein-
stimmungsergebnis.

Torsten & Gudrun, 38 %

*Torsten, Gudrun ist heißer als der Wüstenwind – eure Vibrations
stimmen, aber du musst den SWAG aufdrehen, dann läuft es mit
Love, Sex und Harmony.*

Aha, denke ich. 38 Prozent, da habe ich schon miesere Über-
einstimmungswerte gehabt, und trotzdem hat's für 'ne Beziehung gereicht. Trotzdem:

Welche Gudrun?

Verdammte moderne Technik. Funktioniert im Prinzip gar nicht. SIRI. Zum Beispiel Energiesparlampen: Die sind modern, bringen aber nix. Sie verbrauchen nur zehn Prozent der Energie herkömmlicher Glühlampen, funzeln aber so mittelgeil. Außerdem brauchen Energiesparlampen eine Zeit, um überhaupt eine gewisse Helligkeit zu erreichen. Nennt mich hektisch, aber wenn ich im Klo den Schalter drücke, hätte ich gern sofort Licht. Ansonsten kann ich's auch lassen. Ist nur unwesentlich dunkler, aber: Ersparnis 100 Prozent. Gut, dafür muss ich dann auf'm Lokus täglich den Dampfstrahler anwerfen. Und das im Dunkeln. Mein Bad hat nämlich aufgrund neuester architektonischer Erkenntnisse kein Fenster. Ist auch super so. Beim Kacken 'n Baum betrachten kann ja jeder Depp, aber im Zappendustern in einer massiven Brandmauer des Gestanks hocken ist nur was für harte Knochen. Ist aber egal jetzt.

Komm, eine Mail lese ich noch, dann schreibe ich weiter.

Da! Super! Einladung zum Poetry Slam. Text:

Sträter, komm nach Hanzfranzgrunzgundolfingen. Übernachtung im Achtbettzimmer, 50 Euro Fahrgeld, Flips bis zum Abwinken.

Schaue auf Google Maps, wo das sein soll. Google sagt, die Karte wäre lange vorher zu Ende, das wäre nicht digitalisiertes Gebiet, dahinter Tatarenland, Saurier womöglich, auf jeden Fall aber Blasmusik.

Schreibe zurück:

Klingt klasse. Aber kleine Änderung. Veranstaltungsort besser Dortmund.

Statt 50 Euro 200. Und statt mir kommt jemand anders.

Grüße

Gehe ich erstmal Facebook kucken. Die üblichen Statusmeldungen:

HEUTE Gemüseauflauf!!! NICE!

Vier Ausrufezeichen.

Wahnsinn, denke ich. Heute Gemüseauflauf. Irgendein Spinner teilt seinen 700 Stalkern mit, dass er zu doof zum Döneressen ist.

Vielleicht sollte man Leuten, die einen derartigen Käse posten, mal nahelegen, ihr Mitteilungsbedürfnis dahingehend umzuleiten, dass sie oberflächliche Bekannte direkt anrufen:

Ring ring.

»Ja, Schröder?«

»HEUTE GEMÜSEAUFLAUF! NICE!«

»Hast du 'n Stück Seife im Schädel, du Asi?« Klick.

Auf Facebook funktioniert das aber. Das müssen gar nicht eher beunruhigende Meldungen sein wie: GENTEST veröffentlicht! Mickey Rourke hatte Affäre mit Bussi-Bär. Chewbacca klagt auf Unterhalt!

Da reichen offenbar Statusmeldungen wie: Regen. Backen. Kacken. Jetzt Heia. Kikeriki. Oder so.

Plötzlich flappt links ein Fenster auf.

JETZT REGISTRIEREN UND DAS GLÜCK FINDEN!

Elite-Partner.de!!!!!!!!!!

Elitepartner, soso.

ELITE kenn ich nur aus Söldnerfilmen mit Steven Seagal.

Die meinen aber, lese ich dann, Akademiker und niveauvolle Singles. Was von beidem denn jetzt, denke ich?

Klingt aber generell gut.

Schicke direkt eine Mail hin:

> *Sträter, guten Tag.* Ihr Anspruch an sich ist ja hoch. Das ist fantastisch.
> Ein gutes Konzept, Akademiker und niveauvolle Singles zusammen-
> zubringen. Dazu zwei Fragen: Was kosten die Miezen – und sind Ihre
> Mädchen auch sauber?
>
> Gruß
>
> *Sträter*

Kommt auch nix zurück.

Lasse das erstmal mit dem Textschreiben. Ich muss mal an die Luft.

Nehme mein Handy – SIRI, wie ist das Wetter draußen?

»BIST DU AUF DEM KLO, TORSTEN?«

»Siri – nein.«

»DANN GUCK AUS'M FENSTER.«

»Siri! Das Wetter!«

»ES IST TROCKEN UND SONNIG, TORSTEN.«

Ich gehe raus.

Es pisst wie aus Eimern.

SIRI: »NÄÄ-NÄ-NÄ-NÄÄÄÄ-NÄÄÄÄ!«

Renne über die Straße, muss eine Überdachung finden. Irgendwas liegt im Weg, strauchle, falle auf die Fresse. Da lag ein Bein.

Aus meiner Tasche höre ich SIRI:

»TORSTEN, BRAUCHST DU EIN HANDTUCH?«

»Warum?«, brülle ich. »Hast du eins dabei oder was? Hör auf, so eine Kacke zu fragen!«

Am Bein, über das ich gefallen bin, ist eine Frau dran. Sie sitzt mitten auf der Straße, riecht nach totem und nassem Rottweiler und ist voll wie ein Eimer.

»Redest du immer mit deiner Jacke?«, fragt sie.

»Jacke hat angefangen«, sage ich.

»Kenn ich«, sagt die Frau. »Kannst meine kaufen. Schweigt wie ein Grab. Ich sach mal: 20 Euro VB.«

»Verhandlungsbasis?«

»Vestbreis«, sagt die Frau.

Warum immer ich, denke ich.

»Na komm, Kleiner«, sagt sie. »Hier. Nimm erstmal 'n Schluck.«

Sie hält mir eine Flasche hin. Ein mongolischer Wodka, auf dessen Etikett eine Art Esel mit einer Augenklappe abgebildet ist. Ich starre aufs Flaschenetikett. Die Scheiße hat 38 %.

»Ich heiße übrigens Gudrun«, sagt sie.

Aus meiner Tasche höre ich ein dreckiges Lachen.

Frauenfußball

Ich komm ja aus Dortmund, bin aber trotzdem einer, der sich gar nicht so mit Fußball auskennt. Oder Frauen.

Bis jetzt bin ich noch immer derjenige gewesen, der verlassen wurde. Keine Ahnung warum. Frauen sind ein Rätsel.

Dabei bin ich ein guter Typ.

Meine Interessengebiete lauten: Philosophie und Ballerspiele.

Meine Freundin findet beides scheiße. Na gut, ok, eins davon ist erwiesenermaßen verstörend, macht auf Dauer aggressiv und dumm im Kopf ... aber was ist das Problem mit Ballerspielen?

»Die führen zu Amokläufen«, sagt meine Freundin.

Da hat sie Unrecht.

Ich spiele – und ich neige deswegen keineswegs zu Amokläufen. Ich kenne überhaupt nur einen Typen, den ich erschießen würde, wenn ich dürfte, ein ehemaliger Klassenkamerad und Idiot vor dem Herrn, aber der arbeitet mittlerweile im Baumarkt, und wer schon mal im Baumarkt war, weiß, den finde ich da sowieso nicht.

Also: Ballerspiele regen nicht zu Amokläufen an. Echt. Ich sehe ja auch gerne Filme mit Hundewelpen, aber deswegen kacke ich nicht auf eine Zeitung.

Aber erklär das mal einer meiner Freundin.

Sie steht dafür nämlich wahnsinnig auf Fußball. Sollse machen. Ich lese eben Kant. Tu was für mein Hirn. Natürlich habe auch ich früher geglaubt, Kant würde sich CUNT schreiben, aber ich lernte dazu. Früher habe ich auch gedacht, im Buch *Homo faber* geht's um schwule Bleistifte. Heute weiß ich: Stimmt nicht.

Im Gegensatz zu meiner Freundin versuche ich immer auf ihre Interessen einzugehen.

Sie hat zum Beispiel so chinesische Schriftzeichen tätowiert.

Ich fragte sie mal, was die zu bedeuten haben.

»Sind so chinesische Weisheiten«, sagt sie recht kurz angebunden.

Und da fragt man sich als philosophisch interessierter Mann natürlich ...

Wer sagt eigentlich, dass deutsche Tätowierer überhaupt Chinesisch können? Vielleicht sind die chinesischen Schriftzeichen der Leute auf Rücken, Handgelenk und Nacken nur die chinesischen Schriftzeichen für RÜCKEN, HANDGELENK und NACKEN.

Oder mal andersrum: Wenn sich in Deutschland Hunderttausende Leute bedeutungsschwere und weise chinesische Schriftzeichen tätowieren lassen – gibt es dann vielleicht auch Millionen Chinesen mit deutschen Sätzen auf'm Rückgrat, sowas wie: »Vorsicht ist die Mutter der Porzellankiste« oder »Käse schließt den Magen«?

Aber diese Überlegungen behalte ich schön für mich. Denn meine Freundin fährt leicht aus der Haut.

Genau wie neulich – Freundin und ich fuhren in meinem Wagen, das Radio lief, und sie spielten HE HO CAPTAIN JACK, für mich ein Glanzwerk pseudomilitärischer Vollspaten-Pop-Musik, als die Freundin plötzlich einen anderen Senderknopf drückte. Augenblicklich hörte ich so ungefähr Folgendes:

»Großkreutz ... Großkreutz ... jaaa ... läuft, nach vorn, Werder macht zu, aber Bender macht schöön, jaaa ... sauber, flink, Pass, Pass, ganz schöner Winkel, sitzt, ouh ... Hornschuh schließt von hinten auf, Schmelzer übernimmt, Schuss geraaaade, Grätsche von Schlicke. Pfosten.«

»Wat is dat denn?«, fragte ich. »Das versteht doch keine Sau.«

»Psssst«, sagte meine Freundin. »Das ist spannend.«

»Das ist völlig unverständlich.«

»Ja für dich vielleicht – Fußball im Radio. Das kann man sich doch vorstellen«, sagte sie. »Das gibt's seit Jahrzehnten. Jetzt fängt die Frauen-Fußball-WM an. Da läuft das dann nur noch im Radio. Das ist die erfolgreichste Mannschaft der Welt.«

Ja stimmt, fiel mir ein. Hatte ich auf t-online gelesen. Und dass man einem Team aus dem afrikanischen Raum unterstellte, sie hätten zwei Männer in der Damen-Mannschaft. Eines der Fotos sah auch echt so aus, als würde Wesley Snipes mitspielen. Hatte mich schon gefragt, was der so macht.

Sie war schon wieder sauer. Ich musste Interesse zeigen.

»Du, Liebling«, sagte ich. »Haben die Fußballerinnen auch Hooligans?«

»Was?«

»Na so Hools. Weibliche Hooligans. Die sich vor jedem Spiel im Internet organisieren, und die eine schreibt dann: Sammeln uns vermummt vorm Südeingang ... Brigitte bringt diesmal den Blechkuchen mit.«

»Du sexistischer Penner. Du hast von Fußball einfach keinen Schimmer, Freundchen. Mach du weiter mit deinen blödsinnigen Hobbys.«

Jaja, dachte ich.

Ballerspiele regen nicht zu Amokläufen an.

Frauen schon.

Ich musste was tun.

Am nächsten Tag rief ich sie im Büro an.

»Liebling«, sagte ich. »Heute Abend schön 'n Film? Was knabbern. Ganz romantisch?«

»Hm«, sagte sie. »Aber ich such den Film aus.«

»Klar. Was darf's denn sein?«

Sie überlegte kurz. »Pretty Woman«, sagte sie dann. Ihre Stimme hatte etwas Lauerndes.

»Super, Liebling. Den wollte ich immer mal schauen. Hab ich bis jetzt nie geschafft.«

Halb acht. Kerzen an. Chips auf dem Tisch.

Sie kuschelte sich auf das Sofa. Ich saß neben ihr, die Fernbedienung in der Hand.

Sie sagte: »Was ist jetzt mit Pretty Woman?«

Ich warf die Fernbedienung von mir und sagte:

»Da, Vorstoß, Richard Gere hat sich verfahren, Gasse, Gasse, da, Bordsteinschwalbe, Stretchkleid, uiuiui, bremsen, nach dem Weg fragen, Pass ins Hotel, Badewanne, Prostituierte kriegt hohe Ablöse, jaaa, Rest der Woche, das läuft, verliebt, Shopping, da kommt die Verkäuferin, uhhhhh, böse Sache, Hure traurig, Richard Gere tröstet, jaaa, Trost, volle Breitseite, da: Missverständnis, voll reingeflankt, Prostituierte kann nach Hause gehen, Bums, Richard Gere von links, straff rein, Kuss Kuss, Gere versenkt, große Liebe, der Pfosten ... Abpfiff.«

Sie sah mich lange an.

»War schön, oder?«, fragte ich. »Oder fandest du das jetzt völlig unverständlich?«

Sie sagte nichts. Sah wütend aus. Hm, dachte ich, an mir kann's jetzt ja nicht gelegen haben. Und dann dachte ich – huch! Sie war doch nicht noch sauer wegen der Sexsache neulich? ... als sie mich in Dessous fragte, und das mit so einer gurrenden Stimme, ob sie für mich tanzen soll, und ich sagte: »Ouuuuh ja.«

Sie legte dann los, und ich dachte mir: sexy, wirklich sexy ... aber so ohne Musik sang ich laut die Melodie vom Ententanz. Und danach lief der Abend irgendwie aus dem Ruder.

Na ja.

Wie gesagt: Bis jetzt bin ich noch immer derjenige gewesen, der verlassen wurde. Diesmal auch. Und ich habe mal wieder keine Ahnung warum.

Postamt

In meinem Alter ist das gar nicht mehr so einfach, Entspannung in den faltigen Balg zu kriegen.

Viele versuchen es mit Meditation, generell gute Idee, immerhin immer noch besser als Rumsitzen und Nichtstun, aber für mich ist das nichts. Mit Mitte 40 habe ich schon vor geraumer Zeit ein Relaxans entdeckt: eine Art plattformvariabler Yogaübung im Verbund mit Fremden aus aller Herren Länder, konzipiert, um den Alltagsstress aus dem Leib zu treiben und speziell im Bereich der Fingermuskulatur relevante Beweglichkeitszuwächse zu erreichen, und das alles zum einmaligen Preis von max. 69 Euro.

Hui, das macht den Geist frei.

Man nennt es CALL OF DUTY. In der Tat, ein Computerspiel, zudem aus der Gattung der Egoshooter, zu Deutsch: Ich-Schießer. Das Tolle daran: Man lernt im Online-Modus wirklich mannigfache Kulturen kennen, kann mit ihnen per Kopfhörer kommunizieren, sagt sich selbst schon mal: »Holla die Bolla, schau an, ein Mongole, das ist toll« – und dann versucht man ihn zu töten. Und danach alle anderen. Da wabern einem aber auch Sprachen und Dialekte in die Stube, man erwirbt pfundweise Kenntnisse über die Fäkalsprache von Schwellenländern und erlangt zudem tiefe Einsichten in das Schussverhalten einer AK-47. Schönes Hobby. Ist im Prinzip wie MENSCH ÄRGERE DICH NICHT. Nur ohne Würfel. Und Spielbrett. Und Überlebende. Aber mit Ärger. Ich spiele es auf einem Full-HD-Beamer, mit Surround-Boxen, und ich trage auch stilecht Tarnkleidung dabei. Allerdings muss ich neuerdings verschärft beachten, dass mein Sohn nichts davon mitkriegt. Der schläft im Zimmer nebenan, hört Benjamin Blümchen, fragt aber morgens immer öfter nach, warum da ständig Explosionsgeräusche sind und warum ich immer so schlimm schimpfe. »Benjamin, du lieber Elefant! ... VERRECKE, du chinesischer Paselacke! Ich tanze auf deinem Leichnam! Törööööö.«

Gestern schlich sich mein Sohn dann ins Wohnzimmer. Ich bemerkte ihn nicht sofort. Er mich gar nicht. Denn ich trage ja Tarnkleidung. Aus braunem Samt. Hauteng. Mein Sofa ist braun. Ich verschmelze mit meiner Umgebung. »Papa?« »Jou«, sagte ich. Mein Kind staunte Bauklötze, weil es dachte, die Couch könne neuerdings sprechen. Da war was dran. »Ich bin hier«, sagte ich und wuchtete mich hoch. Muss für meinen Sohn gewirkt haben, als würde das Sofa einen Herrn in den Raum kacken.

»Was machst du da?«, fragte mein Sohn.

»Och. Spielen.«

»Was denn?«

»Wie was denn?«

»Ja wahas?«

»Hier«, erwiderte ich und schnippte nach Worten ringend mit dem Finger. »Sach schnell. Äh ... Postamt.«

»Du spielst Postamt?«

»Das ist korrekt, Kind!«

Ich war ein wenig unkonzentriert, denn das Problem bei Online-Spielen ist: Pause gibt's nicht. Zieh es durch oder geh drauf. Das Spiel lief. Auf der kompletten Wohnzimmerwand war ein verschneites Raketensilo zu sehen, und überall wuselten Gegner herum, dass es eine Art hatte.

In diesem Moment nahm mich ein Bolivianer unter Feuer. Es erwischte mich, mein virtuelles Gesichtsfeld färbte sich auf einer Fläche von 3 × 2,70 Meter rot. »Hui«, sagte mein Sohn. »Was ist das?«

Dem ersten Impuls folgend sagte ich:

»Fleuropgrüße. Primeln. Express. Sowas.«

»Schickst du dem auch was Schönes?«

»Allerdings. Rohrpost.« Ich schoss zurück. »So. Zugestellt.«

»Der fällt ja um.«

»Hatte bestimmt 'n anstrengenden Tag.«

»Kennst du den denn?«

»Ja aber klar. Wir sind Freunde. Wir schicken uns die ganze Zeit was.«

»Wie heißt der denn?«

Ich stellte eine Claymore genannte Sprengfalle auf. »Udo. Das ist mein alter Kumpel Udo.« Das stimmte auch fast. Nur dass er BEASTFUCKER1266 hieß und ich ihn zwar nicht kannte, aber hasste.

Genau wie Wämser-Bad-Godesberg-17, Kacksuppe92 und Hackahackawickwack55670.

»Was hast du da hingestellt?«

»Briefkasten.«

Prompt latschte mir ein Typ aus der gegnerischen Partei in die Sprengfalle und zerstob zu grober Mettwurst. »Wo ist der hin? Spazieren?«

»Teilweise. Geh wieder ins Bett, Liebling.«

»Der ist weggeflogen. Ist er eine Fee?«

»Ja ... sicher.«

»Und wie heißt die Fee?«

»Tinker ... Bill.«

»Cool. Ich will auch Postamt spielen.«

»Neenee. Morgen ist Schule.«

Außerdem ritt ich mich gerade echt in die Scheiße. Was war ich nur für ein Vater. Plötzlich von links ein auf mich gehetzter

Dobermann. Er ging sofort auf Kehle. Ich brach ihm augenblicklich das Genick.

»Das war Lassie!«

»Das war nicht Lassie«, sagte ich, »das war lässig. Ins Bett jetzt!«

»Das hat beim Streicheln geknackt.«

»Ganz rustikaler Kamerad, der Köter«, erwiderte ich. »Der mag das so.«

Ich stellte noch einige Einschreiben zu. Die Suppe spritzte nur so. »Das sah aus wie Blut«, sagte mein Sohn.

»I wo. Da hat gerade einer mit 'nem Eisenstock gewunken, das bedeutet: Schick mir Erdbeermarmelade. Hab ich auch sofort gemacht. Ist 'n bisschen was danebengegangen.«

Ein Blick auf die Uhr unten rechts. Noch drei Minuten, acht Sekunden.

Urplötzlich rannte eine Gruppe bis an die Zähne bewaffneter Deppen auf mich zu.

»Ui. Was wollen die?«, fragte mein Sohn.

»Die sind krank.« Ich eröffnete das Feuer. »Die werden jetzt geimpft. Schluckimpfung ist süß. Kinderlähmung ist grausam.« Ich tötete 5. Sie kippten um.

»Scheint nicht gewirkt zu haben.«

»Manchmal stößt ein Arzt an seine Grenzen«, sagte ich feierlich. »Wir sind auch nur Menschen.«

Noch 55 Sekunden. Links preschte einer heran und stieß mit dem Messer nach mir.

»Der rasiert mich!«, rief ich vorbeugend. »Das ist der Friseur.«

»Also bei Postamt verschickt man Marmelade, streichelt Hunde, macht Schluckimpfung und lässt sich rasieren?«

»Jetzt hast du es begriffen.«

Ich verabreichte dem Messertypen eine rasante Gegenrasur. 20 Sekunden. 10. Ende. Gewonnen. Ich schwitzte wie ein Schwein.

»So, ab in die Falle.«

»Das war toll, Papa.«

Ja genau, dachte ich, das war toll. Morgen spielen wir COUNTERSTRIKE oder wie es neuerdings heißt: Pusteblume-Umfall-Spitzpassauf mit ganz viel Rohrpost.

Trotzdem war ich mir sicher, dass dieses kurze Intermezzo keine bleibenden Schäden bei meinem Kind hinterlassen würde – und dieses Gefühl hielt sich genau einen Tag. Dann rief die Schule an und teilte mir mit, dass mein Sohn seiner Kunstlehrerin mit den Worten »Sie haben Post« ein 600-Gramm-Glas ZENTIS-Konfitüre an den Schädel geworfen hatte. Ich wurde zu einem Gespräch vorgeladen. Ist in drei Tagen. Ich näh mir schon mal Tarnkleidung in Tafelgrün.

Deutsche Bahn,
kein einziges Klischee drin,
glaub ich

Um mal zwei Dinge klarzustellen:
Es gibt zu viele Texte über die Deutsche Bahn. Da ist die komplette Raupensammlung vertreten: die humoristischen Knaller, der Sack verzweifelter Schreie und die großen Satiren, die von der Bahn selbst stammen. Niemand benötigt lustige Texte über die Bahn. Ich bin überdies passionierter Autofahrer.

Autofahren ist aber auch nichts weiter als der Versuch, bei der Reise zwischen zwei Punkten den anderen Idioten auszuweichen.

Soviel zur Theorie. Irgendwann kommt nämlich der Tag, an dem man gegen 14:00 Uhr komplett in Frottee auf der Couch hängt, und das Smartphone krakeelt plötzlich was von TERMIN, schön verknüpft mit der Musik vom A-Team. »19:00 Uhr Auftritt Hamburg!!!!«

Na guck. Bis ich aus dem würdelosen Fummel raus bin, alle Texte zusammengeklaubt habe und endlich im Wagen sitze, wäre 16:00 Uhr. Dann tanken. Dann die Karre aussaugen, damit man sich nicht wie in der Bruchschütte einer Keksfabrik fühlt. Dieses Krümeln und Knirschen macht einen beim Abbiegen ganz bekloppt. Dann aber los. Und klar ist mal: Dreihundertfuffzig Kilometer bis in die Hansemetropole ... das wird nix. Nicht bis um sieben.

Ab dem Kamener Kreuz werden die geistig normalen Autofahrer nämlich vom »Amt für Psychopathen mit Phantasialand-Aufkleber auf dem Heck« ausgetauscht.

Ab Höhe Unna kannst du aus dem Wagen schauen, wann du willst: Links, rechts, hinter dir, die Karre geradeaus – alles Geisterbahn. Die A3 ist plötzlich voller Schläfer, die versonnen im Garten knieten, bis sie ein harter Ruck durchfuhr und sie einen stummen Befehl erhielten: FAHR NACH HAMBURG! JETZT! UND MACH LANGSAM!

Und alles ist Baustelle. Einspurig. Mit Blitzern. Nach knapp zweihundertfünfzig Kilometern dann links an der Autobahn: Der VITAKRAFT-OUTLETSTORE! Bitte drauf achten, wenn Sie das nächste Mal aus dem Ruhrgebiet nach Hamburg fahren.

Gegen zwanzig Uhr dann endlich Hamburg. Traumhafte Stadt. Navigation bellt was von »noch 4,7 km«. Für diese Strecke brauchst du eine Stunde, denn auch Hamburg hat seine Schläfer, die plötzlich Kommandos in die Hirnrinde genagelt bekommen: FAHR ZUM VITAKRAFT-OUTLETSTORE! DU

BRAUCHST VIER ZENTNER HIRSESTANGEN! UND MACH
LANGSAM!

Die Autofahrt sollte man sich wirklich nicht antun.

Warum nicht stattdessen Mitfahrzentrale?

Soll doch jemand anders die Strecke fahren. Du hockst daneben und machst vier Stunden die Augen zu.

Warum nicht? Hm?

Der Kontakt zu den mitnahmewilligen Fahrern ist doch leicht. Das Internet macht's möglich.

Das ist aber auch das Problem. Einige Spezialisten scheinen beruflich nichts anderes zu tun, als sich und ihren Wagen als Mitfahrgelegenheit feilzubieten, was sich dann in etwa so liest:

Fahrt von München nach Hamburg!

Über-München-Rosenheim-Hunzhausen-Grunzhausen-Schlunz-
hausen-Sindelfingen-Stuttgart-Mannheim-Mainz-Frankfurt-Köln-
Pi-Pa-Po-Castrop-Rauxel Marktplatz-Dortmund-Hamm-Porta
Westfalica-Lemgo-Hückeswagen-Münster-Bremen-Stopp hinter
Bremen, um sich die Einschusslöcher in der Tür zuspachteln zu
lassen – Hamburg-Harburg – Hamburg Hauptbahnhof.

Zusteigen an allen Bahnhöfen auf der Strecke möglich.

Kosten: 25 Euro

Acht Sitzplätze verfügbar

Fahrzeug FIAT PUNTO

Reisedauer: der komplette April.

Kontaktaufnahme nur per SMS. Fahrer ist Schimpanse.

Darum nicht!

Was ist mit Trampen?

»Trampen« ist ein schönes amerikanisches Wort für sexuelle Belästigung durch Arschlöcher, die nach belegten Broten riechen. Sicher, so muss es nicht sein. Manchmal nimmt einen einfach nur eine Lehrerin in ihrer Ente mit, dann hört man Herman van Veen von Kassette und stirbt bei einem Auffahrunfall eines grausamen Todes. Am wahrscheinlichsten ist aber folgender Reiseverlauf:

Du stehst in der Auffahrt am Kamener Kreuz und hältst den Daumen hoch. Das ist auch schon die Pointe.

Da bleibt ja nur noch Zug. Zudem meinte mein Lektor, eine Geschichte übers Reisen mit der Bahn täte dem Buch gut, wenn auch nur der Dicke wegen, und da ich echt dringend nach Hamburg musste, war die Sache geritzt.

Das letzte Mal bin ich Zug gefahren, als ich in Hannover in Kriegsgefangenschaft war. Das war 1987.

Will sagen: Ich bin seit 25 Jahren nicht mehr mit der Bahn gefahren, was mich in etwa so kompetent für diesen Text macht wie Stephen Hawking für diese Weltraumangelegenheit – was aber andererseits wieder dafür spricht, denn vermutlich hat Hawking sich auch ohne persönliche Reise ins All mit der Materie vertraut gemacht. Und ich werde recherchieren. Im Zug. Muss ich ja. Und ich schreibe drüber. 2012. Keine Klischees. Ich sehe das Ganze einfach mit den Augen eines Kindes. Keine doofen Witze über Verspätungen.

Erster Schritt: Internet. Dortmund–Hamburg–Dortmund. Was kostet das? Direkt auf der Startseite erstmal ein Info-Knaller erster Güte:

»DB Schenker setzt auf der LogiMAT 2012 gezielt Akzente für den Mittelstand.«

Wo gibt's denn sowas? War dieser Schenker nicht vorher bei den Scorpions? Und was für Akzente? Polnisch? Momentan schnurz. Ich brauche einen Preis.

Hach, die Bahn, denke ich nach einigen Minuten, das sind ja Spaßvögel, also Humor haben die, wenn auch keinen guten, irgendwie. Das mit dem Preis kann ja nicht stimmen. No-no, Sir.

Einfache Fahrt von hier nach Hamburg: knapp 70 Euro. Die haben ja wohl nicht alle Latten am Zaun. Ich starre ein paar Minuten auf den Bildschirm, dann klatsch ich mir die flache Hand an die Stirn. Hihi. Unfug. Das waren die Jungs von ANO-

NYMUS. Gehackt, die Bahn. Kapitalismuskritik, gezielte Irreführung durch satirische Überhöhung der Transportkurse. Was ist das ein krasser Haufen. Obwohl ich die Masken von denen gut finde. Ich brauch jetzt trotzdem mal den richtigen Preis, so geht's nicht weiter.

Dortmund Hauptbahnhof.
Die Stadt lässt sich nicht lumpen, sehe ich. Obwohl es auf dem Gelände völlig überfüllt ist, zieht das Kulturamt seine Wanderausstellung »Finger weg von Heroin« durch. Man kann sich aktiv einbringen, indem man Münzgeld in die Luft wirft und wegrennt. Wie früher.

Bei mir pressiert es zeitlich etwas, also ab zum INFO-CENTER der Bahn.
Ich rein, zum Schalter ... und ZACK, ereilte mich ein schwieliger JETZTABERABAUFFNPLATZ-Zeigefinger. Ich solle eine Nummer ziehen. Eine Nummer ziehen. Vermutlich streicht das Lektorat es raus, aber ich musste eine NUMMER ZIEHEN! Ohne Quatsch. Das muss die neue Entwürdigungsoffensive im Transportwesen sein, die auch bereits bei den »Für die drei Kilometer verlasse ich nüscht meinen Platz«-Taxifahrern angekommen ist.
Ich zog eine Nummer.

An dieser Stelle habe ich das Lektorat gebeten, zur Verdeutlichung der Wartezeit neun Seiten frei zu lassen, aber sie haben es nicht getan, richtig?

Irgendwann durfte ich mit Nummer 42 zu Schalter 4.

Dort sitzt ein Herr in Uniform. Neben ihm ein Teller mit einer Stulle.

Ich: »Tag, ich möchte gern mit dem Zug nach Hamburg fahren.«

Wirste mal so konkret, wie es geht, dachte ich.

Schaltermann: »Einfach?«

Ich: »Was?«

Schaltermann: »Oder mit zurück?«

Ich: »Mit zurück.«

Schaltermann: »Wann?«

Ich: »Wann was?«

Schaltermann: »Zurück.«

Ich: »Warum wollen Sie das wissen?«

Schaltermann: »Dann einfach.«

Er klappert auf der Tastatur. Dann sagt er:

»70 Euro.«

Ich: »Anonymus?«

Der Mann schüttelt den Kopf, hebt seine Stulle an und klappt sie ein Stück auf. »Pflaumenmus.«

Um das hier abzukürzen:

Die Deutsche Bahn, jene, wie der Name schon sagt, DEUT-
SCHE Bahn, folgerichtig keineswegs ein Taxifahrer in Pa-
lermo also, und ich meine wirklich den Verein mit den PUFF-
PUFF-Zügen, die man überall sieht, möchte in der Tat 70 Euro
für eine Fahrt nach Hamburg.

Zahl ich. Nützt ja nix. Sprinte durch den Bahnhof. Sehenswür-
digkeiten: The Return of the Oberlippenbart zum einen, denn
der Bahnhof ist voller düsterer Wachmänner mit schwarzen
Baretts und Fressen, als würden sie einen Zug mit geklonten
Sauriern erwarten. Zum anderen ein Kiosk, der Inflations-
Los-Wochos hat, denn die Dose Cola kostet 3 Euro, und als ich
im Vorbeieiern einen flüchtigen Blick auf die Bildzeitung
werfe, kreischt der Besitzer: »Wir sind keine Leihbücherei,
ey!«

Dann ab aufs Gleis. Abfahrt 15:27 Uhr. Noch drei Minuten.

Eine rauchen. Sehe auf die Infotafel am Gleis. Aha, kann mir
sogar zwei rauchen. Und das sehr langsam. Sehr, sehr langsam. Bin selbst dauernd zu spät, deswegen kein weiterer Kom-
mentar.

Kippe ins Gesicht, Lautsprecherdurchsage:

»RAUCHEN NUR IM GELBEN VIERECK!«

Wer ist das gelbe Viereck?, denke ich. Im Film BATMAN RE-

TURNS gab's eine Zirkus-Mörder-Bande namens »Das rote Dreieck«. Was will der Lautsprecher? Geht's präziser?

»GEHEN SIE INS GELBE VIERECK!«

Ach da, sehe ich. Da hat wer ein gelbes Quadrat mit 2 Meter Kantenlänge auf den Bahnsteig gemalt. Darin stehen dampfende Reiselustige. Ich geselle mich dazu. Wahnsinn, denke ich. Wie machen die das, dass der Zigarettenrauch nicht aufs Gleis wabert und immer im gelben Viereck bleibt? Ist das wie bei STARGATE? Zieht der Rauch ab der Kante in die Atmosphäre eines Wüstenplaneten? Das muss kostspielig sein. Deswegen also 70 Euro. Ach nein, registriere ich, der Rauch treibt aufs Gleis!

Forme die Hände zu einem Trichter: »Herrschaften, das gelbe Viereck ist kaputt!«

Der Lautsprecher springt wieder an, aber es kommt die falsche Antwort.

»Es hält einigermaßen planmäßig Einzug …«

Der Karnevalsprinz und seine Narrengespielin, Prinzessin Gisela die Achte, denke ich.

»… der ICE Habichvergessen von Habichvergessen nach Hamburg. Das Bordrestaurant befindet sich heute in Wagen 38.«

Ich steige zu.

Voll bis zum Bersten, die Bimmelbahn. 70 Euro sind ohne Sitzplatzgarantie. Die Bahn macht das schon mal sporadisch so, ein paar Tickets mehr verkaufen, als eigentlich Leute in den Zug passen, warum auch nicht?

Das sollte die Bahn mal bei einem Motörhead-Konzert versuchen, da werden die draußen gebliebenen Fans am nächsten Tag zwanglos die Zentrale aufsuchen und dem Vorstand feierlich auf den Wurzelholztisch scheißen, aber bei der Bahn geht das.

Menschen wanken wie besoffen herum, alle Sitzplätze sind bereits belegt, und zwar nur und wirklich ausschließlich von Leuten, die ein iPad oder ein Netbook oder ein Laptop oder alles dabeihaben. Da werden Dokumente durch Gleitsichtbrillen angeglotzt, Männer in Pullundern schauen *Two and a Half Men* auf Kleincomputern, es stinkt ein bisschen nach Rasierwasser, und da kommt auch schon der bahneigene Mundschenk mit seiner Sackkarre voller Brezeln und Kaffee.

Ist ein bisschen wie im Casino hier.

Erstmal auf die Bordtoilette.

Besetzt. Ein Waggon weiter. Besetzt. Alles besetzt. So weit, so bekannt. Bleibe ich halt im dröhnend lauten Knickgelenk zwischen den Abteilen stehen. Das magische gelbe Viereck gab's noch nicht, als ich damals beim Bund war, aber mangels Sitzgelegenheit wie eine Flipperkugel im Niemandsland zwischen den Wagen herumbollern kannte ich schon.

Rumms, die Toilettentür geht auf.

Ich schlüpfe hinein.

Schick, denke ich. Wie damals. Die Abmessungen des Raums kann man nicht mit herkömmlichen Mitteln beschreiben. Am ehesten trifft es zu, sie mit Konfektionsgröße 52 anzugeben. Wie ein schlecht riechender Schlafsack aus sehr starrem Material.

Ich betätige aus Spaß die Spülung. Es macht SCHUMP! Sonst nix. Da hat sich technisch was getan in den letzten Jahrzehnten. Spitze. Die leiten das um.

Wenn ich zu Wehrdienstzeiten mal soldatisch austreten musste, tat sich in den Schüsseln der bahneigenen Notdurftsarkophage ein gleißendes Loch auf, und man kackte aufs Gleis. Das warf dann stets die Frage auf:

Wenn mal was ist – wer bessert die Strecke eigentlich aus? Sträflinge? Aber jetzt leiten sie's ja um. Wohin? Ich denke, die Antwort findet man im Bordrestaurant.

Der Zug hält. Und steht. Und steht.

»Liebe Fahrgäste, aufgrund einer Achssperrungskomplikationsangelegenheit sind wir gezwungen, einen kurzen Stopp einzulegen. Wir informieren Sie baldmöglichst, wenn es weitergeht.«

Ich nutze die Gelegenheit und latsche durch die Waggons. Remple versehentlich einen Mann an, der auf seinem iPod Musik hört. Sehe aufs Display des Gerätes. Er hört grad UNHEI-LIG. Titel: Geboren um zu leben. Ach dafür, denke ich.

Versuche den Veranstalter in Hamburg anzurufen.

»Ja …ha …ka….fub…mache…« Tut-tut. Wahlwiederholung. »Hick ….lab ….seh…. schnu…. Heck ….lus…. rabä….. Tut-tut.

Fazit: keine Veränderung. Gleicher Empfang wie 1987.

Eine Stimme von hinten:

»So, jemand zugestiegen hier?«

Der Schaffner hat einen schrubbergroßen Schnäuzer und trägt die übliche Schirmmütze, will sagen, sein Sichtfeld misst zwei Fingerbreit. Der erkennt keinen wieder. Nie und nimmer.

Er: »Jemand zugestiegen hier?«

Er sieht mich direkt an.

»Jemand … ZUGESTIEGEN … hier?«

Ich schweige.

Er: »Sie zugestiegen hier?«

Ich: »Nee.«

Er: »Nicht zugestiegen hier?«

Ich: »Nee.«

Er: »Sie sind nicht zugestiegen?«

Ich: »Doch.« Ist immerhin schwer abzustreiten.

Er: »Hier?«

Ich: »Nee.«

Er: »Aber zugestiegen.«

Ich: »Doch.«

Er: »Wo zugestiegen?«

Ich: »Hier.«

Er: »Wo hier zugestiegen?«

Ich: »Waggontür.«

Er: »Wo zugestiegen?«

Ich: »Hinten.«

Er: »Jetzt?«

Ich: »Früher.«

Er: »Wo zugestiegen?«

Ich: »Kartoffelpuffer.«

Er: »Wat Kartoffelpuffer?!«

Ich: »Wollte nur überprüfen, ob Sie am Ball bleiben.«

Er: »Die Fahrkarte!«

Ich: »Ich?«

Er: »Ja! Karte!«

Na komm, denk ich, wozu Schwierigkeiten machen?

Ja, ich kam in Hamburg an. Alles in allem also eine klare Reiseempfehlung. Die letzte halbe Stunde hatte ich sogar einen Sitzplatz und konnte fast eine ganze Folge GREY'S ANATOMY ohne Ton mitgucken. Mein Nebenmann, dem der Laptop gehörte, trug Kopfhörer und lachte immer keckernd bei OP-Szenen. Unheimliches Volk, diese Geschäftsreisenden.

Wir hatten nicht ganz eine Stunde Verspätung. Ab 60 Minuten Verspätung gibt's eine Entschädigung, falls man das unstillbare Verlangen verspürt, einige kafkaeske Formulare auszufüllen, aber bei uns waren es lediglich 54 Minuten. Ich nehme an, der Zugführer hat die letzten zwanzig Minuten so krass beschleunigt, dass wir uns in der Zeit rückwärts bewegten. Ich meinte zumindest, durchs Zugfenster einige Wanderhuren erblickt zu haben.

Muss in dieser Sache beizeiten Stephen Hawking eine Mail schreiben.

Heimat

*E*s gibt Aussprüche mit eher entlarvendem Charakter:
»Die Heimat kann man sich nicht aussuchen.«

Wladimir Kaminer

Klar kann man. Heimat ist eine innere Einstellung. Heimat ist New York, wo ich das Hirn abstelle und wie ein Bekloppter Levi's-Jeans kaufe, weil sie billig sind, obwohl ich in ihnen aussehe wie ein Stricher, der nicht weiß, wann Schluss ist. Heimat ist ein Empfindungspuzzle. Eine schwammige Kiste, und keine Antwort auf »Was ist Heimat?« erfüllt die Erwartungen des Fragenden.

Es ist, als würde man auf die Frage einer Frau »Bist du eigentlich ein sensibler Typ?« mit »Scheiße – wenn's sein muss« antworten.

Einer dieser seltsamen Aussprüche zum Thema ist:
Nicht da ist man daheim, wo man seinen Wohnsitz hat, sondern wo man verstanden wird.

Christian Morgenstern, 1871–1914

Der Mann heißt ja wohl nicht umsonst wie eine stachelbewehrte Stahlkugel.

Heimat ist also, wo andere einen verstehen? Ist gut. Wenn's mal so wäre.

Ein Beispiel.

Ich saß zuhause und schrieb an meinem nächsten Projekt: dem großen Arbeitslosen-Roman, gegen den *Berlin Alexanderplatz* wie die Aufbauanleitung einer Hollywoodschaukel wirken wird.

(Arbeitstitel)

DIE HARTZ

(Später vermutlich)

Kuki – eine Symphonie in Pferdefleisch

Eine rasche Zusammenfassung:

Meier fällt in ein tiefes Loch; eben noch im Vorstand eines Mobilfunkanbieters, rutscht er durch einen Computerfehler, hervorgerufen durch das auf die Tastatur aufschlagende Kinn eines eingenickten Sachbearbeiters aus der Personalabteilung, in die Erwerbslosigkeit.

Der erste Dialog: ein bleischweres Konstrukt, Seelenbeton.

»Was ist mit meiner Abfindung?«, fragt er und erhält zur Antwort: »Kümmern Sie sich selbst darum.«

»Ich kann die Höhe selbst bestimmen?«

»Nein – ich meinte, finden Sie sich damit ab.«

Er tritt vors Gebäude; es regnet; eine Reflexion seiner Gefühle, während er sich fragt, wie man ein 22-Meter-Segelboot bei eBay versteigert.

Eisiger Trotz: Klatschnass versucht er, die Firmenlimousine zu nehmen, aber die Schweine haben ihm präventiv die Scheibenwischer abmontiert.

Der soziale Abstieg beginnt.

Einen Monat später.

Meier malt Lavena Mareen, seiner Jüngsten, Adidas-Streifen auf schlichte weiße Billigschuhe; die Kinder sind im Internat, das er bald nicht mehr zahlen kann. Internat, Internet – unbezahlbar für die Bildung, aber auch unbezahlbar für Meier.

Noch immer weint Penelope, seine Älteste: Meier hat Cartier, ihren Hengst, aus Kostengründen strangulieren müssen. Der Hufschmied wirft unentwegt E-Mails mit Rechnungen durch den Briefschlitz.

Meier ist allein.

Er musste Nang, seine Gattin, zurückgeben; der Herausgeber des Katalogs rief an – R-Gespräch aus Thailand – und bellte, es gebe kein achtjähriges Rückgaberecht.

»HARTZ!«, schreit Meier ausgehöhlt.

»Ese issa fürr alle hartz«, sagt der Mann und legt auf.

Herbst.

Meier harkt den Tierfriedhof in Wattenscheid; Ein-Euro-Job; der Wind schneidet kalt in seinen Stolz. Er ist weich geworden über die Monate.

Lange Passagen des Buches harkt er nur, zieht Bahnen durch den Kies, vorbei an Gedenktafeln, welche die Frage aufwerfen, warum Leute ihre Sittiche wie Gebissreiniger nennen.

»Kuki«, murmelt er, »warum?«

Cartiers sterbliche Hülle liegt nicht hier. Sie haben ihn an einen Präparator verkauft, welcher plant, ihn mit Pattex zu überziehen und in eine Kommode für die Unterwäsche von Kindern reicher Leute umzugestalten. Damit überbot er einen Discounter für Fetisch-Gedöns, der ihn als Hottehü-Gaul mit Münzeinwurf einzusetzen gedachte, um 30 Euro.

Weiter war ich noch nicht.

Mitten im neunten Kapitel hörte ich es scheppern. Ich legte den Radiergummi neben die Tastatur, schlüpfte in meinen Morgenrock und ging hinunter.

Jemand machte sich nahe der Tür zu schaffen. Heimat, dachte ich zusammenhanglos. Was war Heimat? Die Verteidigung seines Lebensraumes, die Selbst-Installation der eigenen Persönlichkeit in einem Refugium, Ort oder Sonnensystem seiner Wahl. Ein Platz der Ruhe. Wo die eigenen Regeln noch was gelten.

Heimat wäre also, wo man dem Affen, der einen Zentner Lidl-Prospekte in meinen Postkasten stopft, am Kragen packen kann, um die Hausordnung zu vertiefen.

»Junge, siehst du den Aufkleber dort?«

»Welchen Aufkleber?«, fragt der Bursche, vielleicht achtzehn, in Laufschuhen und mit einem Handkarren voller Werbebroschüren.

»Der knallgelbe hier. KEINE WERBUNG einwerfen.«

»Aber ich muss das tun.«

»Was musst du tun?«

»Werbung einwerfen.«

»Da steht aber nicht KEINE WERBUNG EINWERFEN, AUSSER DU HAST KEINE ANDERE WAHL, sondern KEINE WERBUNG EINWERFEN.«

»Aber ich brauch doch das Geld«, sagte er.

»Dann mach den Taxischein. Dreh Pornos. Geh nach Tschechien und werd Erntehelfer.«

»Ich bin erst 17.«

»Wofür ist das jetzt die Entschuldigung?«

»Jeder Postkasten soll Prospekte kriegen«, sagte er.

»Jeder Haushalt, Bursche«, erwiderte ich. »Das sind so Dinger, in denen Menschen leben. Menschen, die vielleicht keine Lust haben, ihre Postkästen mit Beton auszugießen, damit legasthenischen Hooligans wie dir das Handwerk gelegt wird. Was, denkst du wohl, mache ich mit zwölf Lidl-Prospekten? Zwei abheften, einen ins Bücherregal legen, einen lesen und den Rest als Kackunterlage für meine acht Nymphensittiche nehmen, die selbstverständlich in acht separaten Käfigen residieren?«

»Sie haben acht Sittiche?«

»Nein.«

»Ich mach nur meinen Job.«

»Was soll das denn für ein Job sein? Für Lidl hier im Ort? Die filmen nicht mal ihre Mitarbeiter. Die sind hier so rückständig, dass sie pensionierte Gerichtszeichner beschäftigen.

›Frau Meier, haben Sie gerade ein 2-Cent-Stück in die Lade für 5-Cent-Stücke gelegt?‹

›Nein, natürlich nicht.‹

›Halten Sie trotzdem 40 Minuten still. Jetzt mal nicht bewegen.‹

So läuft das, Kollege. Diese Prospekte sind für nichts zu gebrauchen. Man kann sie nicht mal auf dem Klo benutzen, weil sie derart abfärben, dass man dann spiegelverkehrte Werbung für Busreisen nach Polen am Arsch kleben hat. Gib es auf. Zwing mich nicht, meinen Briefkasten mit einigen Kobras zu besiedeln. Komm nie wieder her. Dreh dich nicht um, wenn du gehst. Andernfalls wird Rollo, mein Kumpel Rollo, über den Balkon klettern, wie ein Schatten in dein Jugendzimmer eindringen und alle vollonanierten Shakira-Poster konfiszieren, bevor er dir mit den Asterix-Malschablonen aus den Nutellagläsern KAPIERTNIX auf die Stirn tätowiert. Und Rollo ist ein ganz mieser Tätowierer. Der hat kein Gewissen und ist auf der Flucht, seit er alle Hells Angels tätowiert hat, ohne zu überprüfen, ob man Hells wirklich mit ä und Angels mit dsch schreibt. Das ist mein Ernst. Der packt sich da nicht für!«

»Ich kenne Rollo. Mein Vater ist der Waltroper Polizeichef«, sagte der Junge, und ich antwortete:

»Komm doch rein. Soll ich dir 'n Kakao machen?«

Schwierig, das alles. Waltrop ist trotzdem meine Heimat.

Waltrop scheint meine Heimat zu sein.

Hier werde ich leben, und, machen wir uns nichts vor, hier werde ich wohl auch sterben.

Ehrlich gesagt kann ich's kaum abwarten.

Warum ich auf Poetry Slams immer
so schlecht vorbereitet bin

(Ein älterer Text von damals, als man noch Windows Vista benutzte.
Ich schrieb ihn leicht angetrunken.)

14:00 Uhr

Ich bade und lese Thriller beim Baden. Der Klappentext jedes Buches, das ich im Bad lese, hat folgenden letzten Satz auf dem Buchdeckel: ... und deckt eine Verschwörung auf, die bis in die höchsten Regierungsebenen reicht.

Es reicht immer bis in die höchsten Regierungsebenen. Egal was ich lese. Hanni und Nanni würden mit Panzerfäusten das Pentagon stürmen, scheißegal, ob auf dem Cover zwei Mädchen und ein Pony zu sehen sind – ist einfach so, wenn ich erstmal in der Wanne liege. Höchste Regierungsebene. Ich hoffe, ich werde nicht wirklich mal dabei erwischt, dass ich Hanni und Nanni lese, oder schlimmer noch, etwas anderes, auf dessen Cover zwei Mädchen und ein Pony sind. Baden ist toll. Regierungsebene.

17:00 Uhr

Erhalte einen Anruf.

Slam. Heute. Scheiße.

Was für'n Text nehme ich? Mehr als einen werde ich kaum brauchen.

Das muss was Gutes sein. Ich kenn die doch, die Slam-Typen.

Kommen da angestiefelt und erzählen einen von »Ja, den Text hier hab ich vor 'ner halben Stunde erst geschrieben und so, den wollt ich mal ausprobieren«. Der Kunze ist so drauf. Und dann meist auswendig, und dann diese blöden Fragen:

Kannste deinen noch nicht auswendig? Ich bin 43, ich kann meinen nicht NOCH nicht auswendig, sondern nicht mehr.

In 'ner halben Stunde geschrieben – das könnt ihr dem Nikolaus erzählen. Halbe Stunde. Wer glaubt sowas?

17:05 Uhr

TEXT! JETZT!

Ich fahre meinen Rechner hoch, ein Monster, das so betagt ist, dass es beim Seitenaufbau die Lebensspanne eines Sittichs verbraucht, um rote Farbe in das e von eBay zu bekommen.

Zudem befindet sich auf diesem Computer ein 7-Gigabyte-Scan des Bravo-Starschnittes von KISS, den ich nur deswegen nicht ausdrucke, weil ich einen Nadeldrucker besitze, wes-

wegen die Konturen der Herren von Kiss mit einem Kugelschreiber nachgezogen werden müssten, damit sie nicht wie
das durchgepauste Turiner Leichentuch Christi aussehen.
Mein Textprogramm heißt Gutenberg Wort und verfügt nur
über Frakturschriften, die aussehen wie aus dem Vorspann
eines Frankensteinfilms.

Ich brenne dann Texte auf CD, und zwar mit NERO 1.0, dessen Icon noch den Kaiser persönlich zeigt, und selbst wenn sie
neu waren, sind sie dann alt, wenn der Brennvorgang abgeschlossen ist. Mit der CD rase ich in mein Büro in Herne.

Ich frage rasch E-Mails ab.

Nobelwecker- und Viagra-Spam. Würde ich jedes Angebot
annehmen, wäre mein Penis danach sechs Meter lang und auf
ewig erigiert, aber vor lauter Rolexuhren käme ich nicht dazu,
ihn mal anzufassen.

Ich muss jetzt meinen Text drucken und klicke auf Word.

17:30 Uhr

Vista Professional meldet sich.

DOKUMENT ÖFFNEN?

Ja. Klick.

DOKUMENT WIRKLICH ÖFFNEN?

Ja. Klick.

UND WUSSTEN SIE SCHON, DASS MAN MIT WINDOWS

WORD GANZ EINFACH DOKUMENTE, GRAFIKEN UND WIE-
DERGABELISTEN EINFÜGEN KANN, AUCH WENN LETZTE-
RES VÖLLIG HIRNRISSIG IST?

Ja. Jetzt schon. Klick.

WUSSTEN SIE SCHON, DASS MAN MIT WINDOWS WORD
DOKUMENTE ERSTELLEN, BRIEFKÖPFE GESTALTEN UND
SLAMTEXTE IN DIE LÄNGE ZIEHEN KANN?

Ja. Klick.

Ich ahne allmählich, warum Bill Gates sich aus dem operati-
ven Geschäft zurückgezogen hat: Er versteckt sich wie Salman
Rushdie im Sudan, damit ihm Vista-Nutzer nicht die Eier
wegtreten.

JETZT ÖFFNEN?

Ja. Klick.

OHNE WITZ?

Ja-ha. Klick.

WUSSTEN SIE SCHON, DASS EIN HÄKCHEN NIX NÜTZT,
WENN SIE KEINE TIPPS MEHR LESEN WOLLEN?

Leck mich. Ich habe noch 'n Text auf Myspace. Den druck ich
direkt.

Ich klicke auf den Internet Explorer.

Eine typische Vista-Meldung erscheint:

KEINE INTERNET-VERBINDUNG MÖGLICH: ONLINE NACH
LÖSUNGEN SUCHEN? Ich hätte einen Apple kaufen sollen,

aber ein archaischer Instinkt in mir will nicht, dass ich Systeme kaufe, die nach Obst benannt sind.

Ich hacke im Adressfeld herum. Es tut sich was.

DIESE SITE VERWENDET BILDER. BILDER ANZEIGEN?

Ja. Klick.

DIESE SITE VERWENDET TEXT. TEXT ANZEIGEN?

Ja. Klick. Und während ich mich frage, welche Site jetzt genau aufgerufen wird, geht's auch schon los.

www.Rektal-Terror.com

Die lassen das Bernsteinzimmer ja ganz schön verkommen, denke ich, bevor ich realisiere, dass ich gerade in den Enddarm einer Mittvierzigerin starre. Ich kreische auf und klicke auf Schließen.

Eine Meldung erscheint:

WWW.REKTAL-TERROR.COM/SLASHGUDRUNSLASHMECK POMM

HAT EINE SCHUTZVERLETZUNG VERURSACHT. BERICHT AN MICROSOFT SENDEN … STRÄTER, DU ALTE SAU?

NEIN. Klick.

Ich hab im Auto noch einen uralten Text. Das geht. Das muss gehen.

18:00 Uhr

Ich rase los. Als ich den Ort der Veranstaltung betrete, bin ich wieder ganz souverän.

Ich trinke ein Bier, tue so, als hätte ich den ganzen Tag an der Börse in Tokio mit Palmin gehandelt. Werde vor dem Auftritt von einem punktehohen 12-Ender von der Seite angesaugt: »Machse heut was auswendig?«, und ich denke: »KIPP TOT UM«, sage aber: »Ma kucken.«

Ich gebe mich völlig entspannt. Aber ich bin's nicht; mir geht der Stift, und der Stecker guckt schon raus.

Kommen genug Leute? Kommen genug von den richtigen Leuten?

Kann ich das Wort Ficken bringen, und wenn ja, wo zum Teufel kriege ich das in einer Geschichte über meinen Steuerberater unter?

20:30 Uhr

Ich werde angesagt, trete auf die Bühne, meine Hände zittern, und ich sage mit völlig gelöstem Gesicht:

»Diesen Text jetzt hab ich vor 'ner halben Stunde erst geschrieben.«

Triple-X

Der Versicherungsonkel machte eine schlichte Rechnung auf.

»Wenn Sie nur noch eine halbe Schachtel am Tag rauchen und einmal die Woche Kino bleiben lassen, können Sie sich das Gigamaxxx-Versicherungspaket ohne Einbußen gönnen. Das sind zweiundzwanzig Euro die Woche, und Ihnen kann nix mehr passieren, wenn Sie die Zeit um haben, in der Sie den Versicherungsschutz nicht in Anspruch nehmen können.«

Er sagte mir weder, wie mein Leben ohne die Option, im Nikotinrausch Mammutkinos zu frequentieren, weitergehen sollte, noch erklärte er mir, warum das stromlinienförmige Sicherheitspaket mit drei X geschrieben wurde; ich schaute in den Spiegelschrank meines Wohnzimmers, um zu erspähen, ob er wie Vin Diesel in »Triple X« eine Nackentätowierung aufwies, aber eine moderate Innenwelle drahtig grauen Haares verdeckte jede etwaige römische Ziffer komplett.

Ich unterzeichnete wie im Wahn sechs Durchschläge des »Antrags«, der eigentlich ein Vertrag war, durch die Beiläufigkeit eines »Antrags« aber vorzugaukeln versuchte, dass die

Versicherung vielleicht einen Rückzieher machte, falls ich ein gesuchter Naziverbrecher war.

Ich wollte eigentlich nicht unterschreiben, aber es war wie in dem Film von Ingmar Bergman, in dem sich ein Kerl mit dem Tod in Brettspielen verliert: Ein Fehler, und mein grässlich unsicheres Leben ginge dahin – beziehungsweise bliebe so, aber eben völlig unsicher.

»Was hab ich jetzt alles?«, fragte ich zwischen zwei Schlucken Kaffees, der über vielen vollmundigen Klauseln kalt geworden war.

»Alles: Erdbeben, Hundeangriffe bei Frühnebel, Hochwasser, Glasbruch, Haftpflicht, Zahnersatz, Reiserückführung per Hubschrauber aus allen Ländern, die mit P beginnen ... alles eben. Und eine astreine Sterbeversicherung. Und erwähnte ich Glasbruch?«

Super, dachte ich und fühlte mich sofort sicherer: Wenn ich in Pakistan in Urlaub wäre und ein Erdbeben würde die Staudämme brechen lassen, was zur schlampigen Evakuierung der königlichen Rottweilerzucht führen würde, die entfesselt durch meine Windschutzscheibe sprängen und mit ihren starren Kötergesichtern gegen meinen Kiefer knallten – dann würde ich anschließend im Helikopter hocken, »Hunde, wollt ihr ewig leben?« brüllen und an die greinenden Vorstandsleute meiner Versicherung denken. Würde ich draufgehen, wäre ich wahrscheinlich sogar der Nick Leeson der Versicherungsbranche, zumindest, wenn mein Bestatter der Auffassung wäre, meine Zähne müssten direkt vor Grubenfahrt noch überkront werden.

Wir waren im Geschäft.

»Die Police geht Ihnen in den nächsten Tagen zu«, sagte er und verließ meine Wohnung, nicht ohne mich noch darüber in Kenntnis zu setzen, dass ich die richtige Entscheidung getroffen hätte.

Sechs Wochen sind seitdem vergangen.

Ich habe das Haus nicht mehr verlassen. Wozu auch?

Zwei Stangen Zigaretten hatte ich sowieso noch in der Schublade, und Kino? Nö. Ist mir die Lust drauf vergangen, und die Filmzeitschrift CINEMA kommt im Abo.

Heute um Mitternacht läuft die Sperrfrist der Versicherung ab. Ab null Uhr eins kann der Globus implodieren, gerne zur Melodie von »Who let the Dogs out?«.

Ich werde richtig nervös, wenn ich dran denke – jetzt eine qualmen, und vor mir liegt auch eine Zigarette im Ascher, aber ich darf aus Kostengründen erst in acht Minuten wieder dran ziehen.

Null Uhr sieben.

Wenn ich Bond wäre, würde mir Q jetzt einen Schlitten offerieren, der außer fahren auch noch im Dortmund-Ems-Kanal tauchen könnte, während Musik von Jerry Goldsmith aus den Boxen wabert; das Ding hätte alles: Servolenkung, Raclettegrill im Handschuhfach, einen Kaugummiautomaten, in dem nur die Roten drin sind, die nach Kirsche schmecken, Torpedos mit Atomsprengköpfen.

Wann knallt die Regierung ein Dia von mir in Schlappen und bequemer Kleidung in den Himmel, um meine Dienste anzufordern? Ich bin der 160 000-Euro-Mann mit 35 % Selbstbeteiligung und Krankenhaustagegeld! Also faktisch unsterblich.

Null Uhr dreiundvierzig.

Nix passiert.

Da!

... nö.

Erst dachte ich, jetzt knallt's, jawoll, aber das war nur mein Kreislauf.

Zeit, was zu unternehmen: Ich mache drei Xe, öffne eine Flasche Sekt, ziehe feste Schuhe an und trete in meinen Spiegelschrank.

Warum nicht gleich so?

Es war einer jener beunruhigenden Träume, in denen man redet, wie einem der Schnabel gewachsen ist, was in Träumen mitunter funktioniert, in der Realität aber oftmals dazu führen mag, dass einem der Schnabel mit der Faust weggedroschen wird.

Im Traum trug ich nur eine dieser seitlich aufzuknöpfenden Jogginghosen und Schneeschuhe, und die Bürokraten meines Unterbewusstseins hatten mir exklusiv für diesen Traum ein Monchichi in die Hand gedrückt. Das Reizende an Träumen ist immerhin, dass man derartigen Dreck nicht hinterfragt und stattdessen andere Belange in den Fokus rückt, wenn auch allzuoft diese Belange nichts anderes sind als im Traum vorbeischwebende Mettbrötchen mit Zwiebeln.

Jedenfalls stand ich da, die Hände an der Hosennaht, meinen Blick fest auf sie gerichtet, sie, die Überfrau, und dann sprudelte es aus mir heraus. Meine Stimme hatte Hall, viel Hall, wie auf einem Peter-Heppner-Konzert, und ich erinnere mich, gedacht zu haben, dass Taco Gonzales, der Tontechniker in meinen Träumen, wieder zuviel Eierlikör gesoffen haben musste, was mir aber egal war, denn immerhin waren meine Träume so penibel konstruiert, dass ich einen Tontechniker hatte, wenn das auch nicht gegen die Mettbrötchen half, die mich umschwebten.

Ich sagte also zu ihr: Hör mal, du, wir müssen reden, dringend reden, denn ich denke, wir sind an einem Punkt in unserer Beziehung angekommen, wo wir, um mal den Terminus der Bluesmusiker zu bemühen, another crossroad einschlagen müssen, wo der Weg ein neuer wird, kein anderer, nur ein neuer, wo wir uns mal umorientieren, will sagen: umorientieren – oder halt, lass mich erklären, umorientieren.

Mein Hang, in Träumen alltägliche Begriffe zu erklären, indem ich den exakt identischen Begriff benutzte, um diesen dann wieder mit demselben zu erläutern, war lästig, störte aber weniger als die Scheißmettbrötchen.

Jedenfalls, fuhr ich fort, finde ich, und du gibst mir sicher Recht, dass es gut läuft mit uns, oder, ja, natürlich, es läuft Bombe, um nicht zu sagen Knorke, aber irgendwie, du, irgendwie muss da jetzt mal was gehen, da muss was passieren, sag jetzt nix, unterschwellig weißt du, wie unglaublich Recht ich habe, und du ahnst, was zu sagen ich mich bemüßigt sehe, du Gute, nämlich, weißt du ... ich atmete tief ein, und sie stand nur da, die Arme verschränkt, und ich dachte, nun komm mal auf den Punkt, Suppenkasper, und das Monchichi gab mir mit schwerem französischem Akzent wispernd Recht, es wurde echt mal Zeit, Suppenkasper, irgendwann musste das mal raus, also Showtime, Fresse auf, jetzt aber.

Ich sagte: Also du ... ich finde, ich sollte auch mal andere Frauen treffen dürfen, und sie sagte: Wie redest du eigentlich mit deiner Mutter?, und dann wachte ich auf.

Gerade nochmal gutgegangen.

Ich öffnete die Augen und mein Blick fiel zuerst auf die Wand gegenüber, die mit der chinesischen Seidentapete, die mit den champagnerfarben changierenden Kranichen. Mein Blick schwenkte tranig nach links, und juhu, da waren sie, unversehrt, meine Boxen von Bose, vier an der Zahl, jede so hoch wie ein Bücherregal, eingefasst mit feinen Leisten aus gebürstetem Aluminium, und daneben die Schneiderbüste, auf der jener halbfertige Smoking harrte, an dem ich gerade arbeitete, vorerst provisorisch zusammengeheftet, da ich noch auf die Rosshaarmatten aus Wales wartete, um das Revers zu unterlegen, aber immerhin, das schwarze Wollgemisch machte sich fabelhaft im Morgenlicht, das würde was werden, geilomat.

Rauchen wäre gut.

Ich hob den Kopf, spähte hinüber zum Nachttischchen, auf dem der Aschenbecher stand, ein Chromkelch, glänzend, sauber, makellos.

Sekündchen mal. Der Aschenbecher sauber? Und was für ein Smoking? Und was für Scheißkraniche?

Da wusste ich augenblicklich, dass ich immer noch schlief.

Mit einem HA! schreckte ich hoch. Mein Herz schlug wie ein Schmiedehammer. Okay, dachte ich ... da sind wir wieder, blickte auf die Bücherregale, die so hoch waren wie sauteure Boseboxen, ruckte mit dem Kopf, und jawoll, kein Aschenbecher, keine Kranichtapete, und ganz allgemein sah die Bude aus wie Sau. Ich war demnach wach. Mein lieber Scholli. Was für ein Traum.

Krasse Nummer. Ich führte eine Inspektion wichtiger Aggregate durch und kratzte mich am Sack, und dann flog die Tür auf, und da stand wieder meine Mutter und schrie: WAS IST DAS DENN FÜR EIN DRECKSTALL! DER FEINE HERR KÖNNTE DURCHAUS MAL AUFRÄUMEN. POTTSAU!

Da wurde mir erneut klar, dass ich immer noch schlief.

Wie erwacht man, wenn man weiß, dass man träumt? Ich wusste es nicht. Aber immerhin war mir klar, dass Sackkratzen beruhigte, aber nicht half.

Hinübergleiten in die Realität ... Willenskraft. Na komm. So ging's ja nicht weiter.

WERDE WACH, hörte ich mich selbst ohrenbetäubend denken, ohne Hall, warum eigentlich? Ein einziger Blick zeigte mir, dass Taco Gonzales ausgestempelt hatte, weil seine Fransenlederjacke über dem Hocker am Mischpult hing.

WERDE WACH, STRÄTER, BLÖDMANN.

Ich fühlte einen Sog, und dann erschauerte ich und schlug die Augen auf.

Neben mir lag meine Freundin.

»Morgen«, sagte sie sanft.

»Hi.«

»Gut geschlafen?«

»Hmmm«, sagte ich, »doof geträumt irgendwie.«

»Wovon denn?«

»Von dir«, sagte ich.

»Wie, doof geträumt von mir?«

»Nee«, erwiderte ich. »Warte mal. War gar nicht von dir. Ich dachte nur, du wärst es. Diese Frau. Die andere. Äh ...«

Sie richtete sich auf.

»Welche Frau war's denn?«

»Das willst du nicht wissen«, sagte ich.

»Oh doch«, sagte sie. »Worum ging es?«

»Ach«, erwiderte ich schlaftrunken. »Dass ich mich auch mit anderen Frauen treffen darf und so.«

»Wie bitte?«

»Was wie bitte?« In meinem Kopf begann eine Feuersirene zu jaulen.

»Du wolltest mir sagen, dass du auch andere Frauen treffen willst, und dann war da diese fremde Frau? Stimmt das so?«

»Im Kern stimmt das. Aber irgendwie ist das jetzt etwas aus dem Zusammenhang gerissen.«

»Du weißt ja wohl«, sagte sie eine Idee zu laut, »dass das Unterbewusste genau jene Dinge im Traum zeigt, die man will?«

»Blödsinn«, sagte ich. »Was soll ich mit Bose-Boxen?«

»Du willst andere Frauen treffen!«

»Im Traum doch nur!«

»Nix im Traum! Das kann man so nicht trennen!«

»Ja, das ist mir schon aufgefallen«, sagte ich eifrig, gefolgt von dem Gedanken, dass diese Äußerung etwas ungünstig platziert war ... und keine zwanzig Minuten später hatte ich meine Klamotten gepackt.

Der Tag entwickelte sich prächtig. Ich hatte drei Freunde angerufen, um irgendwo unterzukommen, und jede Ausrede war phantasievoller gewesen als die vorangegangene. Stefan schoss den Vogel ab, indem er sagte, er hätte jetzt einen drei Jahre alten Sohn und wenig Platz, und ich könnte mich durchaus zwischendurch mal melden und nicht immer nur, wenn ich was will, und ich antwortete: »Schwachsinn – ich hab dir erst vor kurzem 50 Mark geliehen«, und legte sauer auf.

Unverschämter Penner.

Ich würde zu meiner Mutter ziehen müssen. Krank. Ganz offensichtlich war ich gar nicht Sträter, sondern das Produkt der kranken Überlegungen von Edgar Allan Poe.

Ich trat ans Fenster und blickte hinaus. Es wurde Herbst. Am Horizont bildeten Hunderte Vögel eine V-Formation, flogen einen eleganten Bogen, richteten sich südwärts aus, drehten ab und kamen näher.

Ich kniff die Augen zusammen, schnippte dann mit den Fingern und schrie: STRIKE!

Es war ein Schwarm Mettbrötchen.

Ich schlief immer noch.

Ich wachte auf.

Weder Bücherregale noch Lautsprecher von Bose.

Viel Ikea-Geraffel. Regale, wie sie im Buche stehen, und zwar in Buche, obwohl nicht ein Buch darin stand.

Batman-Comics dafür.

Rappelvoller Aschenbecher links, Kippen, wohin das trübe Auge blickte.

Ich war wirklich wach.

Die Tür ging auf, meine Mutter streckte den Kopf ins Zimmer.

»Sie hatten heute keine Croissants«, sagte sie mild.

»Schon okay«, entgegnete ich. »Immerhin hast du es versucht.«

Sie lächelte entschuldigend.

Die Tür schloss sich. Ich erhob mich, ging zum Fenster und suchte den Horizont nach Mettbrötchen ab. Nix. Vögel. Ungenutzte Fördertürme. Fettige Nasenabdrücke auf dem Glas. Der Standard-Bildschirmschoner.

Hauptsache wach.

Warum nicht gleich so?

Das Notebook stand in einem Kippenhaufen neben dem Aschenbecher.

Zeit, was zu tun. Ich klickte auf die Maus und aktualisierte YOUPORN.

Mir fiel ein, dass eine neun Kilometer entfernte Bäckerei auch gegen 15:00 Uhr noch Croissants buk, und ich lächelte über meinen scharfen Verstand.

Dann läutete ich nach meiner Mutter.

Steh auf, wenn du ein
Dümpelfelder bist

Ich besaß eine Karte für das Konzert von DEPECHE MODE, dem ich beizuwohnen gedachte, und ich erwarb sie wie einen Bausparvertrag: lange im Voraus, hoffend, dass sich die Investition lohnen würde.

Ich besitze übrigens auch ein iPhone, und ja, ich habe das bereits mehrfach erwähnt. Ob die Dinge, die ich über dieses Clever-und-Smart-Phone zum Besten gebe, in die Rubrik Reklame gehören, möchte bitte jeder selbst entscheiden. Generell bin ich zufrieden. Aber:

Wäre ich der Entwickler solcher Prachtelektronik, würde ich als Erstes eine Software entwickeln, die das Display in der Empfindlichkeit verstellbar macht. Vermutlich geht das sogar, irgendwo tief in den Eingeweiden meines 700-Euro-Energieriegels befindet sich bestimmt ein Unterpunkt im Hades unterm Unterpunkt, und da kann ich wahrscheinlich im Kapitel RETINA-SENSIBILITÄTS-MODIFIKATIONS-PARAMETER was einstellen. Wer weiß das schon? Ich komm ja im Prinzip zurecht. Mein Handy ist so voll mit Apps, dass es mittlerweile 60 Gramm schwerer ist, ich hab's nachgewogen.

Aber mit der Navigations-App komm ich nicht zurande. Da kann man gegen's Display blasen, und schon wird das als Eingabe missverstanden – ja, schräge Blicke reichen, und schon geht's los. Das Display ist so empfindlich wie die eigene Hirnhaut.

Jene Navi-App sollte mich trotzdem zum Konzert nach Düsseldorf lotsen, immerhin war die App teurer als die Konzertkarten gewesen, also versuchte ich mit spuckenassen Griffeln

DÜSSELDORF

EUROPAPLATZ

einzugeben.

Klick.

Die Navi schlug nicht nur auf der Stelle DÜRRHÖRSDORF-DITTERSBACH vor, sondern fügte es gleich als Zielort ein und implantierte ohne große Nachfrage EUPELWEG in meinen Spätnachmittag, da es in Dürrhörsdorf-Dittersbach noch keinen Europaplatz gibt, auch wenn DEPECHE MODE selbst dann nicht dort aufspielen würden, wenn es ihn gäbe.

Nochmal.

DÜMPELFELD liegt im Postleitzahlenbereich 53.

Generell gute Richtung. Ich fuhr los.

Sowenig ich nach Dümpelfeld wollte, so gut war die grafische Darstellung des Weges.

Musste ich abfahren, wurden so ziemlich die Originalschilder eingeblendet, fuhr ich in einen Tunnel, gab's eine DU BIST IM TUNNEL-Tunnelgrafik, vermutlich für den Fall, dass ich mit blickdichten Scheiben fuhr und mich im dusteren Fahrzeuginneren fragte: »Ob ich wohl grad im Tunnel bin?«

Irgendwann befuhr ich einen der Autobahnrastplätze an der Strecke – Orte, die mir stets wie das Weltraum-Lloret-de-Mar MOS EISLEY aus STAR WARS vorkommen: mitten im Nirgendwo, bevölkert von marodierenden Allesfressern, brandgefährlich für Mensch und Tier. Alle gesellschaftlichen Regeln sind außer Kraft gesetzt. Ein gekochtes Ei kostet zwei Euro, sehr spezielle Fernfahrer-Pornos mit Namen wie »MELKMASCHINEN VIII« – auf denen in Vinyl gerollte Russinnen so die Beine spreizen, dass ihre Knie die Heftklammern des Einbandes berühren – stehen direkt neben der HÖRZU, und die Toilettenfrauen sehen aus wie Herbert Fux.

Erst aufs Klo. Ah, Sanifair, das Phantasialand für Menschen, die mal müssen.

Draußen im Wagen zeigte die Navi-App in diesem Moment vermutlich eine stilisierte braune Brezel an.

Dann brauchte ich noch eine Schachtel Zigaretten, betrat die Tanke und rempelte versehentlich einen Mann an.

Eigentlich waren es drei Mann, stellte ich fest, als sie sich umdrehten, aber sie trugen nur eine Hose, ein paar Schlappen mit Korksohle und einen Kopf. Was für ein Gigant; in seinem Kosakenbart klebten Hackfragmente einer vermutlich in mitternächtlicher Raserei verschlungenen Frikadelle. Ich nickte ihm zu, um meinen Rempler auszubügeln, und er legte mir seine riesige Hand auf die Schulter. »Rostock–Köln«, sagte er roh. »Weißt du, was das für eine Strecke ist, Bube? Rostock–Köln? Das ist eine beschissene Wallfahrt. Und weißt du, was ich den verstörten Kölnern rankarre?«

Ich schüttelte devot den Kopf.

»Hollywoodschaukeln. Ich bringe diesem derangierten Haufen von Trinkern Hollywoodschaukeln.« Er beugte sich dicht zu mir runter. »Ich kann sie hinten im Laderaum stöhnen hören«, raunte er. »Diese in Plastik gepackten, knarrenden Hollywoodschaukeln. In jeder Kurve lachen sie über mich. Sie schlappen mit ihren Stoffdächern, die Luder. Da sind Seerosen drauf und so abgewichste Hawaiilandschaften.«

Ich tastete zu der Stelle meines Oberschenkels, an der in meinen Tagträumen meine halbautomatische Waffe baumelte; nur die Jeansnaht war da, gerade und ruhig und völlig nutzlos, sieht man vom Vorteil einer nicht idiotisch aufklaffenden Hose ab.

»Diese Luder«, stimmte ich ihm zu, während ich einen Schritt zurück machte und gegen das Regal mit überteuerten Zigarettenanzünderadaptern stieß. Sackgasse.

»Ich werde drauf pissen«, setzte er mich verschwörerisch ins Bild. »Ich werde die ganze Fuhre vollstrullen.« Er hielt einen Zwölferpack Caprisonne hoch. »Hiermit. Und weißt du warum?«

»Logo«, sagte ich, und niemand war gespannter als ich, wie ich diese schwachsinnige Antwort aufzulösen gedachte. Aber er kam mir zuvor.

»Weil der ganze Tag scheiße war. Der komplette 32-Stunden-Tag, den ich nun unterwegs bin, Bursche. Die Staus, die ganzen Arschlöcher in ihren Seifenkisten, die wie Käfer vor meinem LKW herkrabbeln. Und die Drahtschlampen hinten, die keuchen und knarren. Ich werde es ihnen besorgen, weil ich wusste, dass einer wie du kommt.«

Er trat zur Seite und gab den Blick auf die Mautstation frei.

»Ich hab mich vertippt, als du mich angerempelt hast, du Suppenkasper.«

»Empfindliches Display, was?«, gab ich leise zurück, und er lächelte strahlend.

Einen Moment lang sah er mich an wie einen verlorenen Bruder, voller Zuneigung und neu gewonnener Zuversicht. Ich strahlte zurück, als hätte ich eine Halogenleuchte im Schädel.

»Ich werde auch dich vollstrullen«, sagte er dann.

Ich drehte mich um und stieß gegen einen alten Mann, der

gerade in der GALA blätterte, dabei aber ganz klar aufs ANAL-JOURNAL spähte.

Seine Flüche folgten mir.

Ich hielt mich 59 Kilometer gut, meistens ganz rechts und stellte fest, dass die Gegend auf dem Handydisplay viel schöner aussah als in echt. Trotzdem behielt ich die realen Schilder im Auge, und auch als die Stimme der Navigation ungehalten wurde und im späteren Verlauf sogar schneidend und spöttisch, ignorierte ich die Kommandos betreffs Dümpelfeld und erreichte irgendwann Düsseldorf, hängte mich hinten in den Stau der DEPECHE MODE-Fans und war guter Dinge.

Die Navigation schwieg plötzlich eingeschnappt, zeigte mir aber vorwurfsvoll meine Durchschnittsgeschwindigkeit von 2 km/h an.

300 Meter vor der Ausfahrt trumpfte sie dann mit »in 300 Metern rechts ab, dann wenden und vielleicht mal den korrekten Weg nehmen, das ist hier immerhin auch für mich Arbeit« auf, aber das war mir gleichgültig.

Dann sah ich die Halle und ließ ein »HA-HAAAA!« durch den Innenraum meines Fahrzeugs schallen, wobei ich durch die Rückspiegel der anderen Wagen – die meisten mit EXCITER-Aufklebern auf der Heckscheibe – erspähte, dass meine Leidensgenossen es mir nachtaten.

Ich hatte aus eigener Kraft bis zur Halle gefunden – ohne Navigation, die mich wohl nicht zur Halle, aber nach Halle gebracht hätte.

Als ich in die fragliche Straße einbog, kamen mir sehr viele Wagen entgegen, und die meisten Fahrer sahen aus wie eine Mischung aus Robert Smith von The Cure und dem aufgelösten Tuschekasper von Edward Munchs »Der Schrei«.

Ich fand schnell heraus, warum sie die Gesichter verzogen: Ein paar Hundert Meter weiter hatte sich ein orangefarbener Kerl mit Kelle aufgebaut, der mit der Hand kurbelnde Bewegungen machte. Ich brüllte ihm durch die Scheibe zu, dass ich ihm nicht helfen könne: elektrische Fensterheber. Fand er nur mäßig lustig.

»Hier lang nur für Taxen«, bellte er durch den schmalen Fensterschlitz, den ich ihm gönnte.

»Warum denn?«

»Nur für T-A-X-E-N«, buchstabierte er.

»Ja doch. Das Wort hab ich verstanden, nicht jedoch den Sinn.«

»Dreh um, Kerl! TAXEN NUR!«

Ich drehte um und zog ein Gesicht, das mich wie eine Mischung aus dem Tuschekasper von Edward Munchs »Der Schrei« und einem Typen aussehen ließ, der weder mit seiner

Navigation noch mit Primaten in grellen Plastikwesten klarkam.

Ich fand ein Gässlein, drei Kilometer entfernt vom Austragungsort des Konzertes.

Kopfsteinbepflastert, still und von Parkgelegenheiten gesegnet lag es im Licht meiner Scheinwerfer. Irgendwo miaute eine Katze.

Mein Plan hatte Gestalt angenommen: Am Arsch des Planeten parken, ein Taxi nehmen und den Fahrer anweisen, kurz beim Kellenmann zu halten.

Dann »NUR FÜR LEUTE MIT HIRN HIER! MIT H-I-R-N! DREH UM!« brüllen.

Dann DEPECHE MODE.

Ich parkte ein. Das Fahrzeug hinter mir hatte was Knallrotes auf der Ablage.

Einen Anwohnerparkausweis.

Ich schritt die anderen Fahrzeuge ab: Anwohnerparkausweise.

Ich kramte im Handschuhfach und fand die Abonnentenkarte einer alten FHM-Ausgabe. Machte sich nicht schlecht im Halbdunkel, aber ich ging auf Nummer sicher und häufte benutzte Taschentücher über die Karte.

Ich fischte mir ein Taxi.

Am Wendepunkt des T-A-X-I-Mannes hatte der Schichtwechsel stattgefunden, also fuhren wir durch, ohne dass ich meine kleine, schmierige Rache bekam.

Ich brauchte ein Bier.

Oberrang. Ein tolles Wort. Klingt hoch und mächtig.

Aber Oberrang bedeutet unterm Hallendach oder wie es Han Solo in STAR WARS formulierte: »Wenn es einen hellen Punkt im Universum gibt, bist du hier am weitesten davon entfernt.«

Ich verstehe die Begeisterungsfähigkeit von Menschen, die sich Karten für den Innenraum kaufen. Schulter an Schulter mit Gleichgesinnten kippt man sich gegenseitig Bier über die Jacke oder schwenkt Feuerzeuge zu »Personal Jesus«. Man geht aus sich raus, lässt fünfe sehr gerade sein und fällt auch nicht um, wenn man will oder muss, weil die anderen Fans einen zwangsläufig stützen.

Genau diese Klientel hatte sich in Form eines Pärchens mit mir im Oberrang eingefunden, er mit Lederhose zu Polohemd und Oberlippenbart, seine Gattin ganz Batikgespenst.

Irgendein Parfum klammerte sich an den beiden fest, ein bitterer Duft von etwas, auf dessen Flasche vermutlich »Hornbach pour Homme« stand. Sie hätten so gern in den Innenraum gewollt, waren aber durch eine Grausamkeit des Lebens auf dem Dach der Welt gelandet, und ich wurde dafür bestraft.

Ich ging raus und stellte mich für ein Bier an, während ich die Taxisache nicht aus dem Kopf bekam.

Nur für Taxen.

Das war, als würde man bei C&A die Rolltreppe mit der Bemerkung sperren, diese sei nur für Augenärzte. Ich erstand ein Bier mit dem Bild der Band auf dem Becher und dem scharfen Hinweis, dass »Zwei Euro Pfand auf dem Becher« seien. Hu, dachte ich, krass, und jetzt?

21:00 Uhr

Von meiner Wolke aus beobachtete ich den Auftritt von DEPECHE MODE.

Furios!

Hammerheftig!

Legendär!

Von hier oben aus nicht für fuffzig Pfennig zu erkennen!

Dann erhob sich das Pärchen vor mir; sie wippten mit den Füßen, sie schwenkten die Arme, kurz vor der Ekstase, noch kürzer davor, von mir notgeschlachtet zu werden. Sie waren für den Innenraum geboren worden, oder besser noch für eine Fernsehübertragung des Konzertes auf VOX, wobei sie Chips essend die Wohnungseinrichtung zerschunkeln konnten.

Aber sie waren hier, in meinem Fadenkreuz, meiner Sicht, meinem Leben.

Vermutlich wohnten sie in Düsseldorf und hatten Anwohnerparkplätze.

Ich verschwand noch vor der Zugabe.

Als ich meinen Becher abgeben wollte, um das Pfand zurückzuerhalten, sagte der Typ hinterm Tresen:

»Was soll ich damit? Beim nächsten Eros-Ramazzotti-Konzert rausgeben? Du Idiot?«

Ich verließ grußlos den Ort des Geschehens.

An meinem Scheibenwischer hing ein Zettel.

»HIER PARKEN kostet VIEL GELD! WAS DENKEN Sie sich dabei? WAS?«

Der Zettel war mit Schrödinger unterschrieben.

Ich checkte den Straßennamen, füllte die Abonnentenkarte aus und warf sie in den nächsten Postkasten, nachdem ich festgestellt hatte, dass Frau Schrödinger Lisbeth gerufen wurde, wobei ich mir vorstellte, wie sie die ganzen Nicole-Scherzinger-Poster, die sie für die nächsten zwölf Monate aus der FHM trennen durfte, neben die Anrichte aus Eiche nagelte.

So.

Ich bin nun seit drei Tagen in DORFPROZELTEN. Netter Fleck.

Für Dortmund hat's nicht ganz gereicht.

Also bleib ich hier und trinke die Spezialität des Ortes, einen Kohlrabilikör, der hier auch zum Beizen der Jägerzäune verwendet wird.

Ich reise ab, sobald meine Hand ruhig genug ist.

Die drei Prüfungen

Ich trage mich schon länger mit der Überlegung, meiner Familie ein literarisches Denkmal zu setzen, so nach und nach, bis ich einen ganzen Vergnügungspark papiergewordener, sonderbarer Gestalten habe. Dafür ist Literatur ja da.

Und das, was ich mache, auch.

Mein kleiner Bruder zum Beispiel ist nicht sonderlich nachtragend. Generell kann er nur als charakterlich gefestigt bezeichnet werden, mehr noch: Er ist der Fels in einer Brandung, die ihm öfter mal bis knapp unter die Augenlider schwappt. Die meisten Sachen machen ihm nichts aus.

Nach Jahren intensiver Überlegungen und Beobachtungen bin ich zu dem Schluss gekommen, dass dies an den DREI PRÜFUNGEN liegt.

Er legte sie im Abstand von einigen Jahren ab.

Das war auch besser so.

Ein weniger stabiler Mensch als mein Bruder wäre von den Ereignissen zerrissen worden. Er aber marschierte einfach hindurch und wurde zum IRONMAN der Familie.

Mein Bruder sieht sowieso aus wie IRONMAN, vor allem,

wenn er in einen Smart steigt, denn mein Bruder ist recht beleibt, weswegen es immer wirkt, als würde er eine Rüstung anlegen. Egal.

Bitte urteilen Sie selbst. Und denken Sie nicht, ich hätte mir irgendwas ausgedacht. Das hier ist True-Story-Zeug. Reality-Stuff. Also echt.

Ich bin deswegen geneigt, die folgenden Ereignisse im Stile Ferdinand von Schirachs zu verfassen, also schlicht, wohltuend karg und ohne jede Wertung.

ERSTE PRÜFUNG

1996. Unna.

Draußen dämmert es. Mein Bruder und seine Frau sitzen zu Tisch, als über ihnen das Esszimmerlicht erlischt.

»Die Birne ist in den Wicken«, sagt die Frau volkstümlich. Mein Bruder erhebt sich, sein Kennerblick geht nach oben: Eine der Halogenleuchten ist durchgebrannt.

»Nimm sie raus und schau, wie viel Watt die hat«, sagt die Frau.

»Die Leuchte dürfte ziemlich heiß sein.«

»I wo. Das ist Halogen. Die bleiben kühl.«

Mein Bruder nickt sanft, obwohl seine Stirn in Falten liegt. Er langt nach oben.

Das Stück totes Glas ist zu diesem Zeitpunkt bereits etwas abgekühlt und so beläuft sich die Temperatur auf grade mal noch etwa 2000 Grad.

Im Esszimmer ist ein Zischen zu hören, als sich das defekte Leuchtmittel tief in die Hand meines Bruders schmurgelt. Ungefähr zwei Sekunden blickt er sanft auf seine Hand, dann setzt ein Verstehen ein, und dann ein rasender Veitstanz, bei dem mein Bruder mit der Pranke im Mund durch den Raum berserkert.

Die Frau ist alarmiert. Brandsalbe ist nicht im Haus, aber sekundenschnell besinnt sie sich auf uralte Hausrezepte. Sie rennt in die Küche, kehrt zurück und weist meinen Bruder an, die Hand herzuzeigen.

Der Anblick des rohen, leicht dampfenden Klumpens ist nichts für schwache Nerven.

»Gleich wird es besser«, sagt die Frau und beschmiert die Wunde mit etwa 50 Gramm Margarine.

Die Schmerzen potenzieren sich ungut, mein Bruder hüpft nun, tritt gegen Stühle, erste Jodellaute sind zu hören. Das alte Hausrezept war nicht richtig. Dann geht der Frau ein Licht auf! Sie eilt erneut in den Nebenraum, kehrt zurück und kippt ein gutes Pfund Mehl auf die Wunde.

Mein Bruder lacht, bevor er ohnmächtig wird.

Der Notarzt meint später, fließendes Wasser sei eine brauchbare Alternative dazu, offene Wunden zu panieren, aber es sei ja auch schön, wenn es trotz perverser Höllenschmerzen im ganzen Haus lecker nach Schnitzel rieche.

DIE ZWEITE PRÜFUNG
2004. Alassio (Italien).

Trotz der Kinder gönnt sich mein Bruder mit seiner Frau ein langes Wochenende zu zweit. Die Frau war vor vielen Jahren in einem wunderschönen Hotel auf der Spitze eines Berges im italienischen Alassio, nicht weit von Genua. Vor allem den GOLDENEN BAUM, von dem noch die Rede sein wird, hat sie nie vergessen, und da Nostalgie eine starke Macht ist, fährt mein Bruder zweiundzwanzig Jahre später mit seiner Frau dorthin.

Auf dem Berg angekommen stellt man hingerissen fest: Alles noch da.

Auch der erstaunliche Goldene Baum: Eine Tanne, viele Meter hoch, und wie damals trotz des sommerlichen Wetters goldbraun schillernd mit rostfarbenen Akzenten, mit einer Art schlichtem Lametta behängt, ein Ganzjahres-Christbaum. Die frische Landluft, das verwitterte Gebäude und der etwas kryptische Brauch, einen geschmückten Nadelbaum bei sengender Hitze ganzjährig zu halten, faszinieren die beiden.

Beim Frühstück stellen sie fest, dass Konfitüre in diesem Landstrich unbekannt ist und man hier ganz auf zentimeter-dicke Scheiben Knochenschinken setzt. Auch finden sich keine Panini genannten Brötchen im Angebot, wohl aber ein ebenfalls zentimeterdick geschnittenes holzfarbenes Brot, das zudem nach Holz schmeckt und wie Holz verarbeitet wer-den kann.

Sie gehen spazieren und fotografieren viel. Mein Bruder hat sich eine Digitalkamera gekauft, teuer, aber die Ergebnisse sprechen für sich.

Sein Lieblingsmotiv ist der Goldene Baum von Alassio: Vogelperspektive, antike Filter, Totalen ... er fertigt fast hun-dert Bilder dieser örtlichen Festtagspracht.

Da der Mensch ein Darmtier ist, muss er diesen dann und wann entleeren. Die Zimmer haben bei aller Kühle einen Ma-kel: Es gibt nur eine Toilette, eine halbe Etage treppab. Dies ist dem Baujahr geschuldet.

Die rustikale Ernährung der letzten Tage führt dazu, dass mein Bruder erstmals die Kammer aufsucht, um ein großes Geschäft zu verrichten. Der kleine Raum wirkt spartanisch. Er lässt sich nieder, arbeitet sich ab, säubert gewissenhaft und möchte dann spülen. Aber eine passende Vorrichtung ist nicht zu finden. Mein Bruder beginnt die Wände abzusu-chen, entdeckt schließlich einen Spalt bei einer massiven,

DIN-A4-großen Messingplatte an der Wand unter dem Fenster. Mit einiger Kraftanstrengung drückt er die Platte nach unten. Dahinter verbirgt sich eine eiserne Querstange von der Größe, wie sie auch bei den Schubhebeln von Linienflugzeugen Verwendung findet.

Er braucht viel Kraft, den Hebel niederzudrücken. Mit lautem Getöse klappt der Boden der Toilettenschüssel weg, und dann setzt in den Wänden des Hotels dröhnender Lärm ein. Dieses Klo arbeitet mit den Prinzipien der Fallkurve, wird meinem Bruder klar. Er blickt aus dem Fenster, dritte Etage, lehnt sich vor. Er sieht nach unten. Ein Moment der Stille. Dann, und das muss hier in aller Deutlichkeit geschildert werden, sieht er zehn Meter unter sich, wie mit einem rasanten SCHUUUUUUMMMP seine Kacke aus der Wand geschossen kommt und mit hohem Tempo in den Baum klatscht. Den Goldenen Baum. Den Goldbraunen. So gesehen nur den Braunen. Ein Schwung Toilettenpapier flattert hinterher, segelt durch die Luft, wird langsamer und senkt sich wie Lametta über die Äste.

Man checkt verfrüht aus. Auf dem Weg zum Auto löscht mein Bruder die Bilder auf der Digitalkamera.

DIE DRITTE PRÜFUNG

2010. Alicante (Spanien).

Der Abwechslung halber im Stil eines Drehbuchs geschrieben.
 Alicante, Abend, Außen
 EIN McDonald's DRIVE-IN

BRUDER sitzt mit seinen DREI KINDERN und DER FRAU im VW BULLI.

(Er ist Anhänger der Theorie, nach welcher man eine Sprache nicht von Grund auf erlernen muss, um problemlos weiterzukommen. Er hat bereits gute Erfahrungen mit SI! und HOLA! gemacht. Das reicht ihm.)

Die Gegensprechanlage des DRIVE-IN geht an.

UNSICHTBARER SPANIER:

»Akustisch völlig verrauschter erzspanischer Einheimischen-Slang erster Güte.«

BRUDER, forsch brüllend:

»Unquaddrodelibraconchesca! Dos. DOS!«

UNSICHTBARER SPANIER:

»Akustisch völlig verrauschter erzspanischer Einheimischen-Slang erster Güte.«

BRUDER:

»SI! Dos. Dos. Dos.«

UNSICHTBARER SPANIER:

»Akustisch völlig verrauschter erzspanischer Einheimi-schen-Slang erster Güte mit einer Menge Fragezeichen in der Betonung, vor allem zum Ende hin.«

BRUDER:

»SI! Dos. DOS CON QUADRO DE LIBRA! SI! Dos. DOS.«

UNSICHTBARER SPANIER:

»Akustisch völlig verrauschtes dreckiges Lachen.«

BRUDER, völlig in seinem Element:

»MACH FERTIG! SI! CON VIERTELPFÜNDER ALLEMAGNE ... ALEMAN HIER! SI?«

KIND 1:

»Und ein Shake.«

BRUDER:

»Was fürn Shake?«

KIND 1:

»Egal, Papa.«

BRUDER, zur Sprechanlage:

»QUADDRO BACON-SHAKE, SI! SI?«

Dann sagt er etwas ganz Dummes. Aber immerhin sagt er es laut und hängt vier »SI!« an.

Stille.

Nichts zu hören.

Mein Bruder fährt zum ersten Fenster vor und wird gebeten, kurz am Randstreifen zu warten.

Nach exakt gestoppten 39 Minuten bringt das vom Lachen ganz verquollene Personal 102 Cheeseburger, 4 x Chicken Nuggets und ein TRANSFORMERS-Spielzeug. Mein Bruder öffnet den Mund, klappt ihn aber wieder zu, als weitere vier Mann 9 Papp-Paletten mit Fanta bringen. Entweder hatten die an der Kasse jedes DOS wörtlich genommen, oder Schlimmeres.

In Villa Riba sind sie noch am Spülen, in Villa Bacho schon fertig, und in Alicante wälzen sich die Leute von McDonald's am Boden, weil irgendein Idiot in beschissenstem Hütchenspielerspanisch eine hirnverbrannte Bestellung aufgegeben hat. Mein Bruder hat gezahlt. Ohne eine Miene zu verziehen. Si.

Klar könnte man sagen, dies waren die selbstprovozierten Erlebnisse eines Bekloppten, aber wir reden hier immer noch von meinem Bruder, also Vorsicht. Seitdem ist er ruhiger geworden. Sehr ruhig. Er ist immer bis an die Grenze zum Koma entspannt.

Von Zeit zu Zeit teste ich es.

So zum Beispiel neulich in Lüdenscheid. Wir mussten in der Innenstadt was mit dem LKW entladen. Es war Markt, höllisch voll. Wir sprangen aus dem Führerhaus. Mein Bruder sagte: »Hömma, bevor wir abladen, muss ich eben 'ne Toilette suchen.«

»Ist gut«, erwiderte ich.

Er entfernte sich, um nach einem Geschäft mit öffentlichen Klos Ausschau zu halten. Als er etwa 50 Meter entfernt war, rief ich ihm zu:

»BRUDER?«

Er drehte sich um. Viele andere Menschen taten das auch.

»WAS MUSST DU DENN?«

Ich sah, dass er die Augen schloss.

»MUSST DU GROSS? GROSS? ODER WAS? KLEIN?«

Er blickte mich einfach an.

»KLEIN?«, brüllte ich.

Er schüttelte sanft den Kopf.

»GROSS DANN?«

Er nickte. Ich wusste Bescheid.

Lüdenscheid auch.

Mann, wie ich diesen Kerl liebe.

FREDO

Für mich steht und fällt eine Veranstaltung stets mit dem Catering. Ich erwähne das nur, weil ich einerseits zwar klasse finde, wenn all diese Köstlichkeiten zur Verfügung stehen:

Gulasch, Pommes, Rührei, Spätzle, diese kleinen Wunderbrötchen mit Körnergedöns, noch kleinere, offensichtlich von Tom Ford designte Schnittchen mit Bärlauch-Rucola-Gorgonzolapesto an rundgefönter Lachskresse, vier Sorten Remoulade (mit Gurke, mit Schafskäse, mit bester Absicht, und eine, die im Dunklen leuchtet), Backkartoffeln, ein vatikanartiger Dampfkessel mit überkäster Super-Pasta, und Getränke aller Art.

Andererseits: Bevor man nicht vorgetragen hat, Finger weg davon! Das Leben als Vorleser ist nämlich kein leichtes, und wer sich wie ich in Hamburg mal mit soßeverschmiertem Hemd in den einzigen sentimentalen Text gerülpst hat, dass das Kristall am Lüster klimperte, ahnt: stilles Wasser und eine halbe gekochte Kartoffel. Punkt. Alles andere lässt jeden Vortrag wie einen Exorzismus wirken.

Aber wo wir gerade von Essen und Außerirdischen reden: Dann und wann gibt es immer wieder mal schöne Überraschungen, die kleinen Brüller, die einen so kalt von der Seite erwischen.

In einer Pause stand ich mal backstage am Lebensmittel-Phantasialand, als man mir ein Blatt Papier zusteckte. Ob ich das mal lesen und bewerten könnte.

Es war ein Text. Der Autor hieß Fredo. Fredo ist zehn. Ich las ihn, und fand das Ding so lustig, dass ich es nach der Pause live vortrug. Und die kleine Geschichte über den angemessenen verbalen Umgang mit extraterrestrischen Invasoren kam so gut an, dass Sie sie hier nachlesen können. Das linierte Original liegt gut verwahrt in einer Schublade. Als Geheimwaffe.

Was ich sagen will: Weiter so, Fredo.

Und vor dem Auftritt keine Nudeln.

15. 12. 2011

Von FREDO

Das allergrößte Weihnachtsplätzchen

Hallo, ich heiße Ziggy und ich wohne in London.
Ich erzähle euch jetzt eine verrückte Geschichte.
Es war kurz vor Weihnachten und meine Mutter
backte gerade Plätzchen.
Da KNALLTE es auf einmal unglaublich laut in
der küche.
Ich rannte schnell hin, um zu sehen, was das
war!
Und da lag ein riiiiiiiesiges Plätzchen, in dem
sich gerade eine Luke öffnete und ein grünes
Wesen mit Fühlern am kopf ausstieg! Erst
blickte es mich stolz an, dann sagte es: »Didli
Fidli, Dum Schum Rum.«
Ich glaube, das einzige, was ich damals zu
diesem UFO-Fahrer sagen konnte war:
»Selber.«

Und hier haben Sie Platz, eine Geschichte aufzuschreiben, die IHR Kind erzählt hat. Wenn Sie das Buch zu einer meiner Lesungen mitbringen, trage ich sie vor. Versprochen.

WIE SAGT MAN DENN JETZT ZU NEGERN?

Marius Jung
**Singen können
die alle!**
Taschenbuch
12 x 18,7 cm, 160 Seiten
€ (D) 8,99 | € (A) 9,30
sFr 13,50 (UVP)

Marius Jung, schwarzer Comedian und Musiker, erklärt, wo die Fettnäpfchen stehen im Umgang mit Menschen anderer Hautfarbe. Auch wenn es nur nett gemeint ist wie zum Beispiel »Singen können die alle« (und ebenso Tanzen, Vögeln und andere Sportarten). Mit gekonntem Witz und anhand persönlicher Erlebnisse packt Marius Jung die Hellhäutigen bei ihrer Befangenheit – ohne den gefürchteten Zeigefinger.